女と男のシャドウ・ワーク

藤田達雄・土肥伊都子 編

ナカニシヤ出版

「あなたを，
女と男のシャドウ・ワークの世界に
ご招待しましょう」

この本を読んでいただくにあたって

この本のタイトルは、イヴァン・イリイチの「シャドウ・ワーク」をヒントに名付けられました。イリイチのシャドウ・ワークというのは、近代産業社会における賃労働以外の労働、いわば「支払われない労働」のことです。シャドウ・ワークには、たとえば、日々の家事労働であるとか、労働時間外にある通勤、健康でいるために必要な通院、将来の労働に役立つ勉学、などがあります。

シャドウ・ワークは、賃金が支払われないことに加え、個人ごと、家庭ごとに「勝手に」行う、「個人的」な労働にすぎないと考えられています。にもかかわらず、実は、こうした労働は社会的に認められた賃労働をするために必要不可欠です。たとえば、子育てという労働があってこそ、社会にでて「労働者」として活躍できる人間ができあがるのですし、給料で食材を買い、それを料理し、配膳して、食事をしてこそ、また次の日も仕事に勤しむことができるのです。イリイチの「シャドウ・ワーク」は、こうした陰の労働の部分に光を当てた点で重要です。

このようなイリイチのシャドウ・ワーク概念のエッセンスを取り入れて、この本では、「女と男のシャドウ・ワーク」という枠組みを提案します。すなわち、「女と男のシャドウ・ワーク」とは、夫婦や恋人といった、親密な男女間にある、社会から見れば陰の部分の、カップルとしての心理、人間関係をいいます。そしてこれは、当人同士の個人的なことと考えられがちですが、実は社会を維持したり、ときには社会にゆさぶりをかける心理的なエネルギーのようなものであるとも言えそうです。

そこで、この本を読んでいただくにあたって、みなさんには以下の四つのポイントを頭の片隅においてほしいと思います。まず一つ目のポイントとして、この本では、社会生活の中で、また学問上でも、「シャドウ」な部分として扱われてきた領域について考える、ということです。たとえば従来、夫婦喧嘩は「犬も食わぬ」とされてきましたが、近ごろは domestic violence（DV）という枠組みで、関心がもたれつつあります。DVもシャドウ・ワークの一つと考えます。二つ目のポイントは、「個人的」なワークと「個人」のワークの違いに敏感になっていただきたいということです。従来、さまざまな学問領域において、社会に対比したものは「個人」でした。ところが、社会に隠れたシャドウな生活の場面では、「個人」と「個人」、すなわち夫と妻、男と女の人間関係において、どういう心理が働くかが重要です。こうした場面での人間関係は「個人的」などと表現されますが、「個人」と「個人的」は決して同一ではありません。三つ目のポイントは、この本での「シャドウ・ワーク」は、労働（行動）だけでなく、親密な人間関係やそこでの心理（意識）にまで話を広げる、という点です。「集団心理」という言い方がありますが、それに対比させるなら、「カップル心理」とでもいえましょう。さらに四つ目のポイントは、こうした親密な男女の心理、人間関係といったシャドウ・ワークを、社会に影響力をもつものとして考えてみるということです。男女の間にあるものといえば、秘密裡にある恋愛だけではありません。女と男のシャドウ・ワークは、社会生活をも巻き込んでいくのです。

そこで、これから9人の著者たちが、個人と社会の間にある「女と男のシャドウ・ワーク」がいかに個人や社会に多大な影響をおよぼしているかを、具体的な研究や事例を交えてお見せしていきます。そしてみなさんには、社会の問題、特にジェンダーの問題や個人の行動を考えるとき、シャドウ・ワークの視点が大事になることを、ご理解いただきたいと思います。

（土肥伊都子）

目次

第１章　恋愛，そして結婚

第一章では、男女が恋愛し、結婚生活を送る過程でのシャドウ・ワークについて考えます。もともと個人と個人であった男女は、親密性が増すにつれ、「個人的」な関係を作り出し、恋愛感情を結婚に結びつけたり、夫婦で役割分担を取り決めたりといったシャドウ・ワークを始めます。シャドウ・ワークは、社会からの影響を受けて形作られますが、反対に、社会のしくみに影響を与えるとも考えられます。たとえば、働く女性が妊娠をコントロールするというシャドウ・ワークは、女性労働者を信頼する社会、多様な職業生活設計のできる社会を実現させるかもしれません。筆者が考える、シャドウ・ワークのもつパワーを見ていきます。

1　シャドウ・ワークに注目

「個人的」関係としてのシャドウ・ワーク

まえがきにもあるように、本書では、個人と社会の狭間にある「個人的」な心理や人間関係のことを、シャドウ・ワークとよぶことにします。そして、「個人的」に見える関係が、実は、より広い社会のしくみを維持したり、変化させたりする可能性があることを明らかにしたいと思います。そこで本章の前半では、親密な関係の男女を例にとり、シャドウ・ワークの視点をもつことの重要性を感じとっていただきたいと思います。具体的には、まず、恋愛や結婚について、「個人」としての意見や態度とは別に、恋愛・結婚相手との「個人的」関係のなかでの意見や態度があり、それらを区別する必要があることを示します。次に、「個人的」関係は、社会からの影響を受けて作られることをみていきます。さらに、その「個人的」関係のなかでのシャドウ・ワークは、これまであまり客観的にとらえられることがなかったことに、気づいていただこうと思います。

「個人」と「個人的」の違い

この本の執筆者の多くは、社会心理学を専門にしていますが、そこでは、個人の態度（意見）からその個人の行動を明らかにしていく研究のやり方があります。個人の態度を調べれば、実際の行動予測ができる、と考えるわけです。図1-1では、ａの矢印で表されているところです。たとえば「人間は自然をもっと保護すべきだと思いますか、それとも自然に手を加えて利用していくべきだと思いますか」などの質問をします。すると、個人の態度と行動は、ある程度一貫することがわかります。つまり、自然を保護すべきであるとする態度の人は、自然を保護する傾向があるのです。ところが、個人の態度だけでは行動を予測できないことも、多々あります。たとえば、回答者が感じている周りの人の意見（たとえば、「自分だけが自然保護を主張しても、会社は収益が第一だとして、みな、私を非難するだろう。だから、保護運動するのはあきらめよう……。」）、回答者の行動力（たとえ、自然を保護するために行動したくても、どう現実の行動に移せばよいのかわからない）などです。

恋愛や夫婦関係についても、「あなたは、男は仕事、女は家庭という考え方に賛成ですか」とか、「愛があれば身体的な婚前交渉は許されると思いますか」とか、「あなたは離婚をやむを得ないことと思いますか、それとも絶対にしてはならないことと思いますか」などが、個人に対して問われ、そこから男女交際や離婚などの行動が予測されていきます。ところが、ここでも、個人の態度はあまりあてにならないようです。具体例をいえば、「男は仕事、女は家庭」という考え方に反対している人でも、現実の生活では、「そうはいっても、うちの夫はあれほど仕事熱心なのだから、私はやはり家庭を守っていよう」とか、「私は今さら仕事をする気はないのに、夫にだけは家事を分担させるわけにはいかない」などと考えるわけです。そうした事情もあり、結局、男性であれば仕事を、女性であれば家事・育児だけをしている場合が多いのです。恋愛や結婚生活は、個人の意見だけが反映するものではなく、相手との関係次第、相手の出方次第、相手あっての話、という個人的な関係性の中での意見に基づいているというわけです。個人の日常生活（行動）を考えてみても、「私」個人の意見と「私たち夫婦」の個人的意見は、区別をする必要

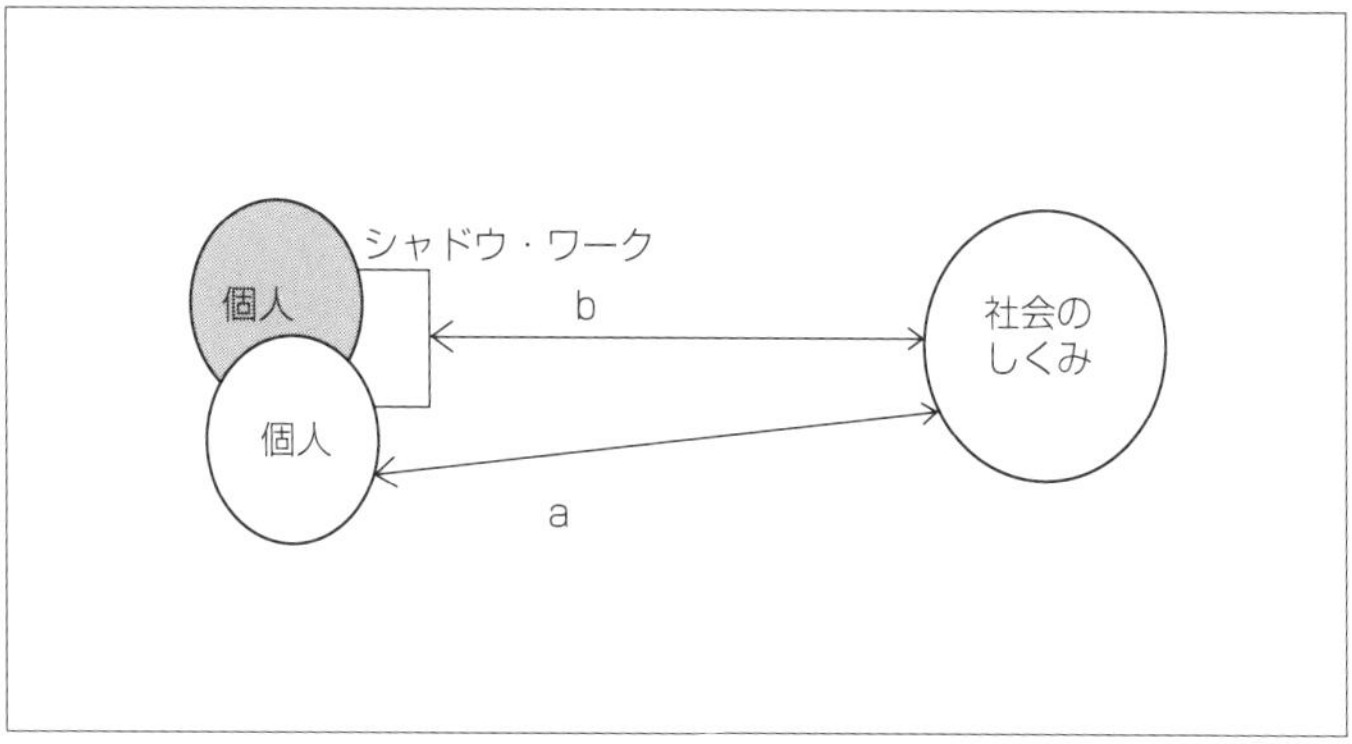

図 1-1　個人と「個人的」関係としてのシャドウ・ワークと社会

がありそうです。

夫婦役割分担に反対、でも自分たち夫婦は別

ところで、シャドウ・ワークを営む当の恋人たち・夫婦は、自分たちの「個人的」意見に従って、行動していることに気づいているのでしょうか。女性の場合で考えてみましょう。よく、女性たちは、男性たちが家事を分担しないことに対して、「男性の、建前と本音の食い違いを見事に示している」「口では男女平等と言っておきながら、男性の意識が変わっていないことを如実に示している」などという具合に、男性個人の意見や行動に対する批判をします。それではそのような批判をする女性たちが、個人の意見に基づいて、家事分担をさせているかというと、家に帰れば、夫の世話をすることに納得、あるいは無頓着でいることがあります。それが、夫婦の役割分担社会に、心底反対しているつもりの女性であっても、です。つまり、本人も気づかないうちに、個人でいる場合と、「個人的関係」にいる場合での態度が食い違っており、その女性は、個人としての意見ではなく、個人的関係性の

中での意見に従って行動しているのです。

社会調査における、女性の社会経済的地位の問題――夫と妻は同じでよいのか――

「個人」と「個人的」なことを区別する必要性について、もう一つ話をします。従来の家計調査などにおいては、世帯単位の統計、調査をすることが多くありました。そして、結婚をすると、社会経済的地位は夫婦で同じものとして扱われるので、社会経済的地位の高い男性と結婚した女性は、自動的に社会経済的地位が高くなりました。しかし、夫と妻のそれぞれが個人として獲得したと実感できる収入は、かならずしも夫婦で一致していません。夫が妻に対して権威的である場合、その妻の「主観的な」収入は、貧しくも平等に分け合う夫婦より低いかもしれません。また、たとえ社会的権威の高い職業の夫と結婚しても、その妻が夫と同じ職業に従事するわけではないことは、いうまでもありません。このように、世間一般でも夫婦をひとまとめに扱うことが多いのですが、それに対してはもう少し用心深くなった方がよいでしょう。

カップル単位社会

では、なぜ、個人の意見だけでなく、個人的な関係性の中での意見が重要になるのでしょう。それは、そうせざるを得ない社会のしくみがあるからだと言えそうです。その例として、次の二つをあげます。

まず、日本には、「カップル単位社会」（伊田、一九九五）のしくみがあります。日本は、夫婦単位で生活することが社会の大前提となっているようなところがあり、それに従っているかぎり、ほどほどの快適な生活を送ることができます。カップル単位社会の皮肉な現象例をあげてみます。ある既婚女性が職を求めて正社員に応募したとしましょう。カップル単位社会は、夫婦の伝統的性役割分担（男は仕事で女は家庭）を特徴の一つとしていますので、既婚女性の場合、正社員になることはかなり困難なのが現状です。しかし、雇用機会が男女不均等なために、その配偶者である夫の職場でも妻が応募した多くの職場と同様に、男女不均等な求人をしている可能性はかなり高いといえます。そのため、仕事に就くチャンスのない女性の場合でも、その夫は、仕事にあぶれることのないように保護されていることになります。その結果、個人としては就職差別を被っているのですが、夫婦でいることを受け入れる限りにおいては、安定した社会生活が保証されるのです。これに一言付け加えておきますと、個人の意見としては男女平等志向性が高い人も、その一方ではカップル単位社会を享受し、夫婦でいることによって得られるメリット、たとえば安心感や生活の安定などを自分が享受していることに気づかないことが多いように思います。

こうしたカップル単位社会から派生した、性役割分担をする家族を前提にした賃金体系が、「家族賃金」とよばれるものです。これは、社員への給料は社員の家族全員への給料という意味が含まれていることを指します。社員である夫が心おきなく仕事に励み、いくらでも企業の都合で長時間労働やサービス残業、転勤をしてくれることを会社側は望んでいます。そこで、社員の妻が専業主婦、あるいは家庭優先のパート労働にとどまることが、暗に期待されるのです。そして、そのために、「賃金の中には妻の労力分も含まれていますよ」という含みをもたせるわけです。妻が被扶養家族でなくなるともらえなくなる家族手当、家族のための福利厚生施設などに会社は出資してきます。こうした現状を明らかにした研究として、たとえば木本（一九九五）のインタビュー調査などがあります。

日本的集団主義社会

「個人的な」夫婦関係を志向させる社会のしくみの二つ目として、日本的集団主義社会があります。単に集団主義といってしまうと、個人を犠牲にしてでも集団の利益を優先する、といった滅私奉公を連想してしまいます。でも、そうではありません。「日本的」とことわっている意味は、日本は、個人の利益を守るためには集団を大切にすることが重要になってくる社会であるということです。「急がば回れ」で世渡りをするのです。筆者は、日本が性別役割分業の傾向を強くもつのは、身近な他者との関係を常に重視しながら、特に家庭という場に依存して生活するからではないか、と考えています（土肥、一九九七）。夫婦でいるのに、独立心をもって生きていくことは、かわいくないような、何か水臭いような、極端にいえば罪悪感のようなものさえあるのではないかと思います。

社会的なことは個人的なこと

少し話が長くなりました。ここでようやく、「個人的」関係であるシャドウ・ワークと社会との関係について考えます。図1-1の説明に戻りましょう。「個人的なことは政治的なこと（The Personal is Political.）」というケイト・ミレットの言葉があります。これは、個人的にみえる出来事が、実は社会の影響をもろに受けていることに気づくべきだ、という主張です（bの「社会のしくみ」から「シャドウ・ワーク」へ）。しかし、それとは逆方向の影響もあるはずです。個人的な関係であるシャドウ・ワークは、社会から影響を受けているのと同時に、社会への影響力をもつ可能性があるのです。そこでこうした影響は、「社会的なことは個人的なこと」として表現することができるでしょう。

「夫婦喧嘩は犬も食わない」ということわざは、夫婦の間で生じている出来事について、当人同士以外の人たちが取り合っても仕方がない、ばかばかしい、こっちには関係ないから勝手に二人で喧嘩しなさい、などの意味を含んでいます。また、日常的な言葉で、（異性間の）相性といわれるものは、二者間の個人的関係をうまく表現しているものの一つでしょう。相性のようなものは、あたかも客観的に分析できるものではないと考えられているようです。そして、どちらかといえば、占い師に委ねられる関心事のように扱われていると思います。しかしながら、シャドウ・ワークに注目する筆者の立場としては、これに注目したいのです。なぜならば、夫婦間で毎日営まれている、「犬も食わない」シャドウ・ワークの蓄積が、徐々に社会を動かすまでの力になるような気がしているからです。

そこで本章の後半は、恋人たちや夫婦のシャドウ・ワークによる社会への影響について考えます。恋人たちや夫婦は、二人だけの秘密に満ちた、もっとも「個人的」なできごとを体験しているつもりなのに、社会を動かす可能性が、そこに本当にあるのでしょうか。話をわかりやすくするために、多様なシャドウ・ワークを、図１‐２の中の「Yes」と「No」のどちらの選択肢を選ぶかといったかたちで示していきます。ここからは、図１‐２を上の段から順番に見ながら読み進めてほしいと思います。

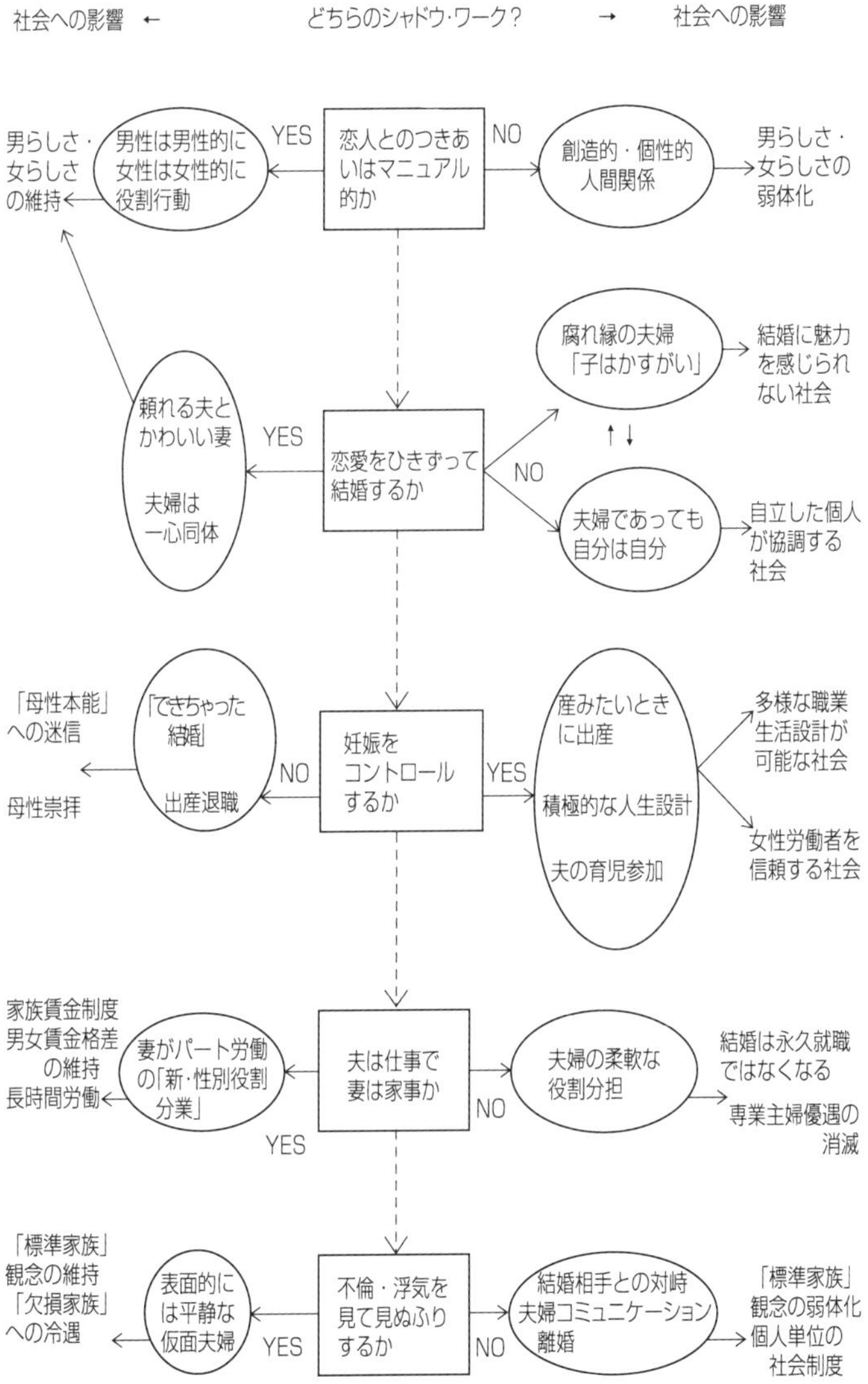

図 1-2　恋愛から結婚までのシャドウ・ワークと社会への影響予想

2　恋愛から結婚までのシャドウ・ワーク

恋人とのつきあいはマニュアル的か

筆者の研究によれば、恋人たちは、世間一般で考えられているデートの時の男性、あるいは女性としてのふるまい方に、マニュアル的に従っていることが多いようです（土肥、一九九九）。さらに相手に対しても、結婚を意識する程度が高くなればなるほど、女性的ふるまいを彼女に期待し、男性的ふるまいを彼に期待するようになります（赤澤、一九九八）。

話がちょっとそれますが、マニュアル的おつきあいが生じるのには、いろいろな理由があるでしょう。たとえば、異性を前に、ふるまい方や会話の仕方などがわからないときは、世間一般で期待されていることを参考にしておけば、少なくとも、「無難」です。さらに、援助交際などの極端な例からも想像できるように、マジな、真剣な恋は避けられてしまう今日ですから、無難におつきあいをするというやり方は、より受け入れやすくなっているように思われます。

さて、上で述べた、マニュアル的おつきあい現象は、先ほどの表現でいえば、「個人的なことは政治的なこと」です。マジなことを恥ずかしがる社会の風潮に影響されて、それぞれの個人が無難にしているのです。ところが恋人たちは、マニュアル的つきあいを続けているうちに、マニュアルを「妥当なもの」として当然視するようになるのです。そして、恋人たちのシャドウ・ワークは、理想的な男性・夫とはいかなるものであるべきか、また女性・妻の場合はどうか、どんな家庭が明るい、幸せな家庭だといえるのか、という世間の考え方を維持する力となり、社会に影響を与えるのです。人間社会が作り出したマニュアル、いわゆる世間の常識は、生身の男女の現実行動に利用されるからこそ、いつまでも長らえているのです。

とはいうものの、結婚するまでのつきあい方をみると、恋人たちのシャドウ・ワークは、昔に比べてかなり自由度が増してきたように感じられます。あまり男らしさや女らしさに縛られなくてもよい状況が増えてきました。男性が積極的に女性用の服を着始め（土肥、一九九八）、また、カップルで服を共有したりもします。未婚の女性が仕事のために上京し、一人暮らしをすることに対して、しぶしぶではあっても親は許します。クリスマス・ケーキ（二四歳）だの、大晦日（三一歳）だのといった、「結婚適齢期」など気にしない女性が増えてきました。お見合い結婚しか許されていない男女など、本当にめずらしいでしょうし、恋愛結婚を阻止できる親など多くはいないでしょう。そこで、こうした状況の変化を敏感に察知すれば、自分たちに独自の、創造的な人間関係を作ることも、また、可能なのです。そうしたシャドウ・ワークは、恋愛マニュアルを風化させ、男らしさや女らしさという観念に制約されることの少ない社会をつくっていくのだと考えます。

恋愛をひきずって結婚するか

それでは次に、カップルたちが恋愛と結婚をどう結びつけていくか、これによって社会が変わる可能性があることを明らかにしていきます。

馴れ初めはそれこそ「個人的」なことなので、見合い結婚か恋愛結婚かなどと二分することには、本来かなり無理があります。しかしそれを承知の上でデータを見ていきますと、現在日本では、恋愛結婚がお見合い結婚をはるかにしのいでいます（一九九二年のデータでは、見合い結婚が一五・二％に対して恋愛結婚は八二・八％：久武ら、一九九八）。ただし、それほど恋愛結婚が理想的とはいえないように思います。というのも、人間関係のうちで恋愛は、一時的にでも激しく燃え上がることが重要なのであり、その時一番ときめきを感じることのできる相手と関係をもつのがベストだからです。常に別れの可能性があることが、さらに恋の炎を燃え上がらせるようなところがあります。しかしながら結婚となると、最初から離婚するつもりで、あるいは期間限定的に「この人とは、○○歳ごろには別れよう」などと考えて結婚する人はいるわけがありません。ということは、恋愛から結婚へ進む間に、つきあう際の目標は、かなり変わっていくといえるでしょう。恋愛は、太く短く、結婚は細く長く、です。ここが恋愛結婚の辛いところです。打ち上げ花火のような恋人同士の関係を、線香花火のような一生続く関係に変化させる必要があるのです。

それで多くの人はどのように恋愛と結婚を結びつけていくのでしょう。一つは恋愛して結婚したけれど、結婚すれば恋愛は終わり、と考えるやり方です。つまり、恋愛感情を切り離した結婚をするのです（図1-2の上から二段目）。こうした「恋愛忘却タイプ」の問題点は、会話の乏しい、夫婦それぞれの役割遂行だけに終始する、味気のない腐れ縁になる可能性があるということでしょう。結婚してからは、結婚の決め手であった恋愛感情を忘れるのですから、目の前の相手と生活する必然性が低下するからです。「どうしてこんな人と結婚生活を続けなくてはいけないのだろう……」と。しかし、多くの夫婦には子どもができ、「子はかすがい」の役を果たしてくれます。恋愛感情も結婚相手選択への疑問も忘却し、日常性に埋没していきます。ただし、こうしたわが国の典型のような夫婦関係は、最近の若者にはあまり魅力的に思われていないようです。恋愛忘却タイプの夫婦の多くが、結婚は人生の墓場だ、などと言いふらして、結婚生活への不満を口に出すとき、社会は、結婚に魅力のもてない、結婚志向性の低い社会となるでしょう。

恋愛忘却タイプの夫婦の中には、結婚相手と新しい関係に移行する人たちもいます。つまり、恋愛を積極的に忘却するとでもいいましょうか。夫婦であっても、お互いが個人としての目標をもち、それを励まし合えるような、いわば親友のような関係です。そして、閉鎖的な人間関係に閉じこもるのではなく、夫婦のお互いの友人を通して、人間関係を広げていきます。それができる夫婦が増えていくと、自立的な個人が多くの人たちと協調しあえるような社会になると思います。

これとは対照的に、恋愛と結婚を独立したものとは考えず、結婚前の恋愛感情を引きずってしまう「結婚しても恋愛タイプ」が存在します。いつまでも恋人同士の気分でいなければならないと思い込む夫婦は、男は仕事、女は家庭を守ることが相手への愛情表現だという具合に考えるようになるでしょう。ドライな性格の筆者としては、妻は経済力を、夫は生活の面倒を相手に依存している夫婦の現状をみるにつれ、それは恋愛などではなく、単なるもたれあいにすぎないと考える方が当たっていると思うのですが（ただし、夫婦愛は生まれると思います）。それはさておき、恋愛結婚したことにこだわりをもち、また、夫婦は一心同体であるべきだと思いこむ、そんな夫婦のシャドウ・ワークが蔓延してくると、社会はどうなるのでしょう。子どもの教育などでは、男は男らしく・女は女らしくすることが強いられるかもしれません。そして、それによって幸せな愛情深い夫婦関係が築けるのだから、あなたたちも男なら男らしく、女なら女らしくして、幸せになりなさいといったような主張、恋愛結婚が幸せなゴールインだとする主張を作ってしまうのではないかと思います。

三高を選ぶか、家事万能男を選ぶか

ところで、恋愛感情がないために図1-2の説明からは脱線しますが、恋愛は恋愛、結婚は結婚と割り切って、恋愛相手ではない人と結婚する人もいるでしょう。その中には、「三高」（高学歴・高身長・高収入）狙いで、楽に安定した生活を送りたい、そのための夫を探したい、という動機をもつ場合があります。一昔風にいえば「お見合い」結婚、今風にいえば、恋愛意識より生活重視の結婚です。それで、そういう三高男性と結婚するための情報誌とかテクニック、出会いのチャンスの多い場所など、「玉の輿の乗り方」に関する情報が求められてきたわけです。このような結婚をした夫婦は、一心同体で、頼れる夫とかわいい妻という構図を維持することに加担しそうです。

ところが最近は、不景気などの影響で、三高がそれほどの神通力をもたなくなりました。少しぐらい他の人に比べて出世が早いからといって収入がそれほど違ってくるわけではありません。会社が傾く可能性も高まってきました。また、女性自身の都合でいえば、専業主婦志向が依然存在する一方で、働き続けたい女性が増えてきたという事情があり、三高よりは自分の職業生活を援助してくれる、家事万能男の方がありがたい場合だってあります。夫が身を粉にして高収入を得て、妻がパートをするというパターンより、人も羨む高収入の夫でなくても、夫も妻もフルタイムで稼ぐ方が夫婦全体の収入は上回ることが多いのです。妻がフルタイムで稼ぐ傾向が強まれば、もてる男の基準は変わっていきます。自然体でマメに家事ができる、一昔前でいえばゴキブリ亭主みたいな男性がきっとモテるようになるでしょう。教育ママに大事に育てられ、勉強するしか能のない男性は、ピンチに追い込まれていくはずです。また、自分の衣食住生活のスキルをもち、経済的にも精神的にも自立した個人が増えていくでしょう。女性たちが何を決め手に結婚相手を選ぶかが、どんな特性をもった男性が優勢な社会かを方向づけるのです。

妊娠をコントロールするか

日本では、離婚者がマイナーである以上に、シングル・マザーになることは稀なことであり、さらに不利になることをも意味しています。それがわかっているために、結婚前に妊娠すると、それがきっかけで「できちゃった結婚」をするケースが少なからずあるわけです。また現在は、結婚しただけでは退職せず、出産を機に退職をする女性の方が増えつつあるのですが、彼女たちも、「自分のコントロールできない」妊娠によって、人生設計を変えていかざるを得ないのです。人間は自分の自由な行動を束縛されたと思いたくありません。常に、自分のコントロール下のもとで人生を送りたいと考えます。そこで、妊娠で人生が左右されてしまった女性の対処として、たとえば、「女性として人生で何よりも大事なことは子どもを育てることである。子どもは母親に育てられるべきである」という母性崇拝的な考え方をもち出して、自分のおかれた状況を合理化してしまうことも、十分考えられます。

しかしながら、妊娠・出産をうまくコントロールすることは不可能ではないのです。筆者は、別書で（土肥、二〇〇〇）、生殖革命がおき、生殖環境が変化することによる女性への影響について考察しました。以前の「産まない」ためのコントロールは、ますます女性自身の手に委ねられつつあります。このように、変化しつづける生殖環境の中で、女性たちが積極的な人生設計をし、計画的に妊娠・出産というイベントを組み込めば、彼女たちの生き方が社会を動かすことにもなるのです。たとえば、突然出産退職して、女性労働者への信頼感を損ねることが防げます。また、出産後の家事・育児の夫婦役割分担を考える余裕も出てくるはずです。出産・育児期を職業生活の充電期やキャリア・アップのための準備期にする人が増えれば、社会人のための大学や学校、中途採用をする企業なども増え、多様な職業生活が設計できる社会がつくられることになるかもしれません。

夫は仕事で妻は家事か

ある妻が、結婚後しばらく専業主婦として家事・育児だけを担当し、育児労働が軽減してからはパート労働を始めるとします。これは、「新・性別役割分業」とよばれるもので、基本的には伝統的な性別役割分業社会と変わりはありません。こうした役割分業を多くの夫婦が選んでいくことは、社会のしくみに対してどのような影響を与えるのでしょうか。一例をあげれば、家族賃金制度を維持する力となります。家族賃金制度は、その制度が想定する家族のかたちをとっている限りにおいては、家族にとって、とてもありがたい制度です。ただし、夫の長時間労働を助長することになります。妻がその分、家で家庭を守っていることを前提として夫を働かすことができるからです。また、男女の賃金格差があることも認めることになってしまいます。女性の多くは妻として家庭を優先した働き方しかしない、という事例を増やしてしまうからです。

他方、夫婦ともフルタイムで、共働きを希望する夫婦もあります。核家族でこれをやろうと思うと、子どもの保育施設への入所は当然のこととして、夫婦が柔軟な役割分担できることが必要です。夫婦の平等な家事分担に対して、表面的に賛成していただけの夫でも、たとえば、第二子の出産や、妻の急病など、必要に迫られれば、家事をするのです。そしてそれ以外にも、数々の裏技が必要になります。たとえば、近所に住んでいる親に援助してもらうのが、もっとも一般的です。フルタイムの共働きを始めると、どんどん親の家に近づきながら引っ越しを繰り返す夫婦もいます。職場に近いところへも引っ越します。家事・育児を助けてもらうための情報に敏感になります。こうして、夫婦を助けてくれる人的資源、さまざまなスキルを用いて、フルタイムの夫婦が増えれば、家族賃金制度は崩れていきます。専業、あるいはパート主婦の優遇措置はフルタイム労働者に不平等感を与えているからです。

不倫・浮気を見て見ぬふりするか

最後は不倫・浮気の話です。配偶者の不倫を発見したとき、不倫をされた方は、それを許すというのが一般的だと思います。不倫がかなり「一般的」な現象として認められるわりに、わが国の離婚率は相変わらず低いからです。しかし、それをしてしまうと、心の中では相手への不信感をもったまま平静を装う、仮面夫婦になってしまいます。かたちの上では夫婦がそろっているケースが大勢を占めている間は、相変わらず、カップル単位社会のままとなるでしょう。

反対に、配偶者の不倫を発見してしまった場合、それを曖昧にしておかない、というシャドウ・ワークをすると、きっと離婚は増えるでしょう。いくら恋愛気分の抜けきった夫婦でも、不倫をされていい気分はしないでしょうから。でも、雨降って地固まるということわざがあるように、考えようによっては、夫婦のコミュニケーションが活性化するかもしれません。あるいは、夫婦がお互いに不倫をしあい、「不倫隠しゲーム」に興じるなんて、あり得ない話でしょうか……。冗談はさておき、日本の夫婦は緊張感がなさすぎると思います。「どうせ不倫が見つかっても、妻は（夫は）許してくれるだろう、相手は一人で生活できるわけないのだから…」。夫婦が仕事と家庭をきっちり分担しすぎると、このような相手への見くびりも出てきます。お互い離婚できるだけの経済力、生活力をもった、自立した個人同士で、結婚を楽しみたいものです。

引用・参考文献

赤澤淳子　一九九八　恋愛後期における性別役割行動の研究　今治明徳短期大学紀要、**二二**、四七‐六三頁。
土肥伊都子　一九九七　男女共生社会をむかえて　鳥山平三・松谷徳八・藤原武弘・土肥伊都子（共著）『人間知——心の科学』　ナカニシヤ出版
土肥伊都子　一九九八　被服行動におけるクロス・セックス化　繊維製品消費科学、**三九**、三六‐四一頁。
土肥伊都子　一九九九　ジェンダーに関する自己概念の研究——男性性・女性性の規定因とその機能　多賀出版
土肥伊都子　（二〇〇〇）　生殖・養育環境　菅　俊夫（編著）『環境心理の諸相』　八千代出版
久武綾子・戒能民江・若尾典子・吉田あゆみ（共著）　一九九八　『家族データブック』　有斐閣
伊田広行　一九九五　『性差別と資本制』　啓文社
木本喜美子　一九九五　『家族・ジェンダー・企業社会』　ミネルヴァ書房

第２章　恋人たちがもつ現代的「家」意識

第二章では、明治以前の女性教育論や、男子優先を制度化した明治民法の影をひきずった「家」意識が、現代を生きる男女の恋愛、結婚に関わる人間関係や心理といったシャドウ・ワークに、多大な影響を与えていることを見ていきます。九割が恋愛結婚する現在でも、半数以上のカップルは「家」文化を象徴した結納の儀式を行っています。自由奔放にみえる若い男女は、二人だけの世界に浸ろうとして結婚します。しかしそれによって、皮肉にも、かえってお互いの「家」と「家」の関係が、二人の間にしのびこんでくるのです。

1　恋とセックスは男がリードするもの？

「愛情をもっと行動で示してほしい」「愛しているとはっきりと言って」。日本の男性と結婚したアジア諸国の女性が男性の愛情表現の貧しさを不満に思い、「寂しさ」「物足りなさ」を訴える言葉だという。「男が愛しているなんて恥ずかしくて言えるか」「もう結婚したんだから、甘ったるいことはできない」。「男は強く、たくましくふるまうものだ」、「朝からキスなんかしていられるか」。こんな男性は古い意識の持ち主になりつつあるのでしょうか。今では、街で電車で抱き合い、キスし合っている姿も日常目にする光景になってきました。女性と「べたべた」するのは女たらしで、男らしくないといわれてきました。その反面、男性は女性をリードしなければなりません。女性を飽きさせず、二人で楽しむデートスポットを選び、喫茶店、レストラン、レジャーランドで余裕をもってリードします。お代は男持ち、それがいきな男というものです。女性はかわいらしく、男性のリードに合わせ、難しい話はせずに、軽いノリで、今風のヒットソングやアイドルの話で盛りあげ、明るく、楽しくすごします。こんな古風な恋愛は一変したのでしょうか。

「恋の告白・求愛は女性から」、「結婚の意思表示は女性から」、恋愛が男女対等の関係から生まれる今、女性から積極的に男性に働きかける恋人同士の関係は多くなっているのでしょうか。恋も深まれば、性的な関係も生まれるかもしれません。「え、まだ彼に我慢させているの！　かわいそうじゃない」。若い女性たちの間で性病が蔓延し、「フリーセックス」の落とし穴が指摘されていますが、マスコミ報道の誇張だけではないようです。高校生の日常を見ている保健室の先生は、性の実態を一層リアルに語ります。「中絶してもケロッとしているし、次から次へと男をかえていく子もいる」と言います。女性は男性の性と対等に向き合っているのでしょうか。性的交渉が自由化する中で、「ちゃんとつけてやってよってなかなか言えない」「彼が嫌がるから避妊はしていないよ」と言う女性の声もよく耳にします。男性の性に女性が一方的に合わせている現実も少なくありません。男性の性的要求に女性がコントロールされているといえるのかもしれません。望まない妊娠の危険を女性が背負い、性を楽しむ男性に主導権を握られているともいえます。女性は受け身で、男性に身を任せるという観念が、男性にも女性にも依然として強いのではないでしょうか。

伝統的な性役割にしばられず、自由奔放な恋愛を楽しむ若者の間にも、男性優位の価値観が見え隠れします。この章では、男女の恋愛、結婚に関わる人間関係、心理、行動に今でも影響力をもっていると思われる歴史的、文化的要因の一つとして「家」をとりあげてみましょう。

2　婦に長舌あるは是乱の階《はし》なり

「口先だけが巧みで深慮に欠けた女性が、分不相応に政治むきのことにまでくちばしを入れるようになると国家は乱れてしまう」という警句です。女性と男性は生まれながらにして性質を異にし、女性はその本分をわきまえることを強く求められました。女性のたしなみを説いた「女大学」が幾度も書かれ、女性のありようが広められてきました。貝原益軒（一七一〇）は「女子を教ゆる法」を著し、女子に対する教育論を述べています。「男子は外にでて、師にしたがい、物をまなび、朋友に交わり、世上の礼法を見聞きするものなれば、おやの教えのみにあらず、外にて見ききする事多し。女子はつねに内に居て外にいでざれば、師友にしたがいて道を学び世上の礼儀を見ならうべきようなし。……女の徳は和・順の二つを守るべし。和とは心を本として、かたち・ことばもにこやかに、うららかなるを云う。順とは人にしたがいてそむかざるを云う。……」。

明治に入り、欧米の人権思想に習い、男女同権を唱え、従来の封建的な男女の主従関係を批判的にみる「女大学」が出されるようになりました。男女の対等を説きつつ、土居光華（一八七六）は、女性は、家事育児に精を出し、ことば少なく従順温和であることが良いとし、夫も妻も等しく帝国日本の臣民としての務めを全うすべきことを教えています。「女は唯、和らぎ順いて、貞信に情深く静かなるをよしとす」「女子は識見を高うし、よくよく我が夫と為すべき人の材芸器量を見抜き、一生の方向を定めざるべからず。……若し婚姻を結びて夫婦となりたる時は、終身其の夫を守り女子の道を尽くすべし」「日本帝国の婦人女子は、男子と同じく日本帝国の人民の権利を有するものにして、日本帝国に報ずる義務を存するものなり」。福沢諭吉（明治三二、一八九八）もまた、男女同権を主張しつつ、類似した女性教育論を展開しました。

一方で、明治の民法では、男子優先の「家」が制度化され、軍国主義の強大化にともない、男女それぞれの役割を果たすことが最大限に強調されました。昭和の戦時期はその極点でした。尋常小学校修身書（第六巻）の『男子の務と女子の務』（文部省、一九三一）をみてみましょう。「男子と女子は生まれながらにして身體も違ひ性質も違っています。それで見ても、その務めがおのづから違ふことは明らかであり

表 2-1　娘の女性性格の展開

<table>
<tr><td colspan="9">情意型</td><td colspan="4">理知性</td><td>(2)</td><td>(1)</td></tr>
<tr><td colspan="3" rowspan="2">無頓着未発型(幼女型)</td><td rowspan="2">拮抗型</td><td colspan="5" rowspan="2">親和型</td><td rowspan="2">無頓着・未発型</td><td colspan="2">拮抗型</td><td rowspan="2">親和型</td><td rowspan="2">対男性態度</td><td rowspan="5">後天的・社会的形成による</td></tr>
<tr><td>勝気型</td><td>秀才型</td></tr>
<tr><td colspan="3">未経験型</td><td rowspan="3">—</td><td colspan="2">遠心型</td><td colspan="3">求心型</td><td>未経験型</td><td>求心型</td><td>遠心型</td><td rowspan="3">—</td><td rowspan="3">対家庭態度</td></tr>
<tr><td colspan="3">少女型</td><td colspan="2">娼婦型</td><td colspan="3">母性型</td><td rowspan="2">無関心型</td><td rowspan="2">闘士型</td><td rowspan="2">批評家型</td></tr>
<tr><td>オテンバ型</td><td>お姫様型</td><td>オセンチ型</td><td>淫奔型</td><td>フラッパー型</td><td>新妻型</td><td>オバサン型</td><td>処女型</td></tr>
</table>

註　(1)「先天的・素質的傾向による。」
(2)「自然的基礎。」

ます。強いことは男子のもちまへで、やさしいことは女子のもちまへです。國・社會・家を安全に保護していくやうなことは男子の務めで、家庭に和楽を與へ、また子供を養育するやうなことは女子の務めであります。我等の父母が家庭で實際に行っている事は、すなわちこの男子の務めと女子の務めとの主なものであります。父は一家の長として家族を率ゐ、家計を与へ、また外へ出ていろ／＼な仕事をして働いてゐます。母は主婦として内にゐて父を助け、家をと々のへ、我等の世話をしてゐます。男子と女子がよく調和して各その務を全うしていけば、家も榮え國も榮えます」。定型化された男女の姿が教えられています。

戦後、民主主義が導入され、女性の性格や性質を多面的に分析しようとする試みもみられました。木村（一九四九）が、女性を情緒的な面だけでなく、理知的な面からも分類し、整理したのもその表われの一つでしょう（表2-1）。戦後半世紀たち、社会

表 2-2　子どもを育てるうえで重視する性質（とても重要＝%）

東京都渋谷区	女子	男子	秋田県生活環境部	女子	男子
従順な	17.1	10.6	礼儀作法	67.3	45.9
たくましい	23.6	76.2	たくましさ	2.7	25.3
視野の広い	69.4	84.0	職業能力	4.5	21.2
かわいらしい	41.7	8.0	リーダーシップ	0.3	6.1
自分の意見を言える	71.6	87.4	協調性	22.0	21.5
勉強のできる	18.8	31.4	実行力	6.9	30.4
意志の強い	51.0	76.9	家事能力	27.7	2.3
忍耐強い	51.5	66.0	忍耐力	13.5	4.3
責任感のある	72.5	85.1	やさしさ	49.0	14.2
献身的な	34.0	24.9	国際感覚	2.4	4.4
			思いやり	63.7	41.3
			自立心	21.3	24.2
			男女平等意識	3.7	0.3

（注）東京都渋谷区の調査は16歳以上の者1,401人（回収率70.1%），個別記入，秋田県生活環境部の調査は2,591人（回収率86.4%），個別記入である。

の近代化が急速に進み、男女平等・同権を実現する法、制度も次第に整えられてき、その意識もまた広く共有されてきました。現在「女大学」や「修身」にみられた女性は姿を消し、自分の意見を主張し社会的に活動する女性が生まれ、大勢をしめているのでしょうか。

東京都渋谷区が行った調査の「あなたは一般に子どもを育てるうえで何が重要だと思いますか」という項目の結果が表2-2です。男子に比べて女子に強調される特徴は、「従順な」「かわいらしい」「献身的な」の三項目です。逆に男子の特徴は、「たくましい」「視野の広い」「自分の意見を言える」「勉強のできる」「意志の強い」「忍耐強い」「責任感のある」です。和やかで従順な「女性らしさ」が望まれています。しかし、この表から「視野の広い」「自分の意見を言える」「責任感のある」などの社会性や主体性が女性にも強く要求され、男女間の格差が狭まっていることもわかります。秋田県が行った同様の調査をあわせると（表2-2）、こうした傾向はさらにはっきりとします（秋田県生活環境部、一九九七）。男子に比べて女子に強調される特徴は、「礼儀作法」「家事能力」「やさしさ」「おもいやり」「忍耐力」「男女平等意識」です。やさしくしとやかで家事のできる女性が重要視される傾向の強いことを表わすものでしょう。「若さや外見的な美しさで女性を判断している」（四二%）ことに問題を感じる割合も高く、「女性はそえもの」「女は愛敬」、こんな言葉が生きていることをうかがわせます。一九九九年の春の統一地方選挙では、地方の女性議員が大きく躍進しました（朝日新聞、一九九九年八月二八日）。それでも全体に占める比率は六%です。また、企業の管理職に占める女性の割合は、部長職が一・二%、課長職が三・四%、係長職が七・八%にすぎないといいます（労働省、一九九九年八月五日）。「理屈を言わず」「政治に口出ししない」「やさしい」「かわいい」女性が社会に歓迎される土壌があることを示すものではないでしょうか。

3　あなたと私の契約結婚

明治期に欧米文化が怒濤のごとく押し寄せ、「和風洋式」とでもいう儀式が盛んに行われました。欧米の個人を中心にした考えが文明開化の思想として受け入れられる向きがありました。結婚にあたっても個人を主体とした新式結婚式が行われ、夫婦それぞれの権利義務を明らかにするために契約をかわす例もありました。森有礼が、結婚三ヶ条を妻広瀬阿常との間で約したことは有名です。第一条　自今以後森有礼は広瀬阿常を其妻とし、広瀬阿常は森有礼を其夫となすこと、第二条　為約の双方存命にして、此約定を廃棄せざる間は共に余念なく相愛して、夫婦の道を守ること、第三条　有礼、阿常夫妻の共有し、又共有すべき品に就ては双方合意の上ならでは、他人と貸借或は売買の約為さざること。福沢諭吉が証人として署名しています。二人の合意に基づく結婚の形式が明治の初期にすでにとられていたわけです。個人を主体とした結婚はその後一般化せず、自由な恋愛が浸透するには今日までほぼ一世紀かかっているのです。

依然として「家」文化が男女の恋愛・結婚に強く関わっていることは明らかです。しかし、男女の関係は伝統的な形式・旧習を踏襲したものから確実に大きく姿を変えてきています。「謹啓　お健やかにお過ごしのこととお慶び申し上げます。このたび、太郎の二男　次郎　一男の長女　一子　が○月○日　ハワイの○○教会において結婚式を挙げることに成りました」。これは、教会式の結婚式の案内です。仲人を立てない点では新しい形式ですが、両親（戸主である父親）が披露宴を主催するところは慣習に則っています。「新年あけましておめでとうございます。さて突然ですが、今年から二人はパートナーとして揃ってご挨拶させていただくことになりました。仕事も働く場所も違う二人ですが、共通する価値観、人生観をもつ者として、明るく支え合っていきたいと思います。今後ともよろしくお願い致します。佐藤一郎　山本一恵」。二人の合意で、姓を変えず、パートナーとして実質的な婚姻関係を築いていくといった新たなかたちです。どの形式が最良の婚姻形態であると決めつけることはできませんが、形式的にも実質的にも夫と妻が互いに同等の権限と権利を認めあい、社会的にもまた認知されるということが基本でしょう。

4　自由な恋愛、でも結納

明治、大正、昭和初期の生まれの女性の中には、「夫」となる人と話をしたこともなければ、顔さえまともに見たことのないまま嫁いだ人も稀ではありませんでした。個人と個人の結婚というより、「家」と「家」の結びつきであり、姻戚関係の成立という色彩が濃厚だったのです。主流は、両家の縁を取りもつ仲人が媒介し、婚姻関係を成り立たせるものです。見合い結婚です。現代では旧来の見合い結婚は少なくなり、大半は恋愛結婚になりました。一九九五年以後の総結婚数のうち九〇%ちかくは恋愛結婚です。出発点は結婚相談所などの機関の利用や、第三者、友人による紹介をきっかけにする場合であっても、結婚に至るまでの過程は、二人の交流と意思に基づき愛情と理解を深める、いわゆる恋愛関係になります。

「家」同士の結婚から本人同士の結婚へと婚姻は大きく変化してきました。

結婚は本人にとっても両親にとっても人生の一大イベントです。結婚に至るまでの期間は二人だけの親密で甘い私的な関係、生活にどっぷりとつかりきることができます。しかし、いったん結婚が決まると二人だけの関係を越えた「家」と「家」の関係が、恋人同士の生活の中に少しずつ侵入してくるのです。従来好き合う男女の結婚が決まった時には、その証しとして結納の儀式が行われるのが通例でした。折井（一九九九）によれば、結納は、結婚成立の証しと、「家」の繁栄のために行われるもので、次のような意味をもつといいます。「結納は、結婚が家と家の結びつきになる嫁取婚になってから始まった習俗で、婿方、嫁方双方から婚約の成立を確認するために品物を取り交わす儀式。本人同士の合意で結婚が成立する妻問婚や、妻方の父母の意向で結ばれる婿取婚時代には結納といった儀式は見られなかった。呼び方は時代や地域によって異なり、宮中では『納采』といい、江戸時代の民間では『樽入れ』『茶入れ』などとよばれ、婿方から酒や茶を贈る風習があった。……（結納の）品名にめでたい字（勝男節・子生布・末広・寿留女、など）を当てるのは、家の繁栄を願ってのことであり、結納は『家』制度の名残りともいえる」。

当人同士の自由意思に基づく結婚が行われている現在、「家」文化を反映する結納の儀式はどの位の割合で行われているのでしょうか。結婚式場の支配人熊倉（一九九九）によれば、現在はほぼ五〇%のカップルが結納を交わしているといいます。恋愛結婚が九割を越える現在、減ったとはいえ結納の儀式が半数以上の結婚で行われることは、二人だけの恋愛にも「家」文化は根強く影響を及ぼしているといえましょう。いざ結婚となると家族や親戚の意向と関わりなく、二人で式を進めることの難しさを示すものでもあります。同時に、こうした儀式も個人を主体とした結婚へと内容が変化しているようです（熊倉、一九九九）。「現在、結納式が行われる場合は、ご本人同士の意向というよりも社会的ステイタスが高く、形式を重んずるご両親の意見が反映されることが多い。『家』を重んじる親のこだわりを感じます。今までの結婚は形式にのっとった『儀式』を重んじていましたが、現在は顔合わせという『コミュニケーション』を重んじるようになってきているのではないでしょうか。実際、伝統的な結納品を用いての結納は少なくなってきています。……結納式は地域の風習・文化の違いにより形態・内容が変わってきます。御帯料でいえば、関東地方では男性側は月給の二～三倍で現金で渡し、女性からの御袴料はありません。一方、東海、関西地方では男性が現金で二〇〇～三〇〇万円の結納金を渡し、御袴料として半分返すことが多く見られます」。一見自由にみえる恋愛も、結婚の段階へと歩を進め、二人の関係を社会的に承認してもらうためには、男女の性や社会的役割を前提にした伝統的文化に拘束される面が大きいということでしょう。

5　同姓は夫婦・家族の絆？

結婚は両性の合意に基づき、その氏は妻と夫いずれかのものを名乗ることができます。現在法的に規定されている姓の選択です。姓の選択は夫婦が対等に行うことができます。夫婦同姓が庶民の間に法的に明記されたのは明治の民法制定以降ですから、その歴史は一〇〇年たらずです。姓の選択は「家」の継承と密接に関係し、婚姻後女性は嫁ぎ先の「家」に入り、その「家」の姓を名乗ることとされました。つまり、夫という個人のもつ姓ではなく、夫の属する「家」がもつ氏を継ぐという意味をもっていたのです。したがって、女性が「家」を継ぐために、「入り婿」として男性を迎える場合には、男性が姓を変え女性の「家」の姓を継承することになるのです。このように明治以後、敗戦（一九四五年）に至るまで、姓の選択は家督相続者で「家長」である男性を中心に行われることが多くなりました。

現民法では結婚後の姓の決定に際しては、妻と夫の権限は対等であり、上述の歴史的、文化的影響を抜きに考えると、両者の姓を選択する比率はほぼ一対一になるはずです。しかし、実際には、婚姻後妻が姓を夫の姓に変える場合が通例で、首都圏では九七％、東海九二％、関西九八％となっています（リクルート・ゼクシイ事業部、一九九八）。自由な恋愛が主で対等平等の関係を発展させる恋人同士の間にも男性優先の「家」文化の名残は根強く残っています。

その一方で、姓に関わる「家」意識においても、次第に変化が表われてきています。「夫婦別姓を望む人には許されるべきと思う」人の割合は、首都圏八二％、東海八一％、関西八一％で、肯定派がほとんどです。さらに職場で旧姓を現実に使用している人は、首都圏二四％、東海一六％、関西二一％です。五人に一人の割合で旧姓を意識的に使い続けており、夫婦同姓に対して何らかの抵抗を感じていることがわかります。しかし、法律によって別姓が認められた場合、別姓にする意向のある人は一七％程度にとどまっています。別姓にするつもりのない人が、首都圏八二％、東海八五％、関西八七％で、九割弱に達しています。別姓にしない理由を見ると、「結婚した証として」「家族の一体感のため」「子供のことを考えて」「同じ姓なのが当たり前だから」などがあげられています。あげられている理由では姓の一致を婚姻を成立させる普遍的で決定的な要因とみなしていますが、婚姻関係は同姓別姓にかかわらず法的な手続き如何で成り立たせ得ます。ですから、これらの理由には心理的な意味が強く含まれているといえるのではないでしょうか。興味深いことに、「新しい姓の方が好き」という人が約一割います。今日結婚後の姓の選択がほとんど男性優先になっていることを考えると、この一割は女性です。こうした態度は法的な制度によって女性の内面に作り出されてきた一つの心理であり、不変とは考えられません。夫婦別姓が認められ、制度が変わるなら、新しい制度に応じた心理的な「結婚した証し」や「家族の一体感」は今同様に得られるはずなのです。

姓を変えるのがほとんど女性であることから、男性より女性の方が自己の姓に対して否定的な態度をもっているということができましょう。姓を改めることは、女性にとって結婚したことを社会的に周知させることになり、「行かず後家」「売れ残り」といった世間の陰口を逃れる実質的、心理的な効果をもつものかもしれません。独身でいることについてまわりからのプレッシャーがあると答える女性は五七％おり、圧力源は母親七一％、親戚四七％、父親四三％です（オーエムエムジー・マーケティング部、一九九八）。背景には、「なんといっても女性の幸福は結婚にあるのだから、女性は結婚する方がよい」（七一％）といった見方を肯定する世論があります（内閣総理大臣官房広報室、一九九七年）。

対照的に、少ないながらも「夫の反対」を理由としてあげる女性が五％弱いることは、男性が女性に比べ自己の姓を肯定的に見、優先すべきものとして考えていることを示しています。また「親戚等周囲の反対」「世間体がよくない」という理由もあがっており、これらは夫の「家」を優先するという意識が社会に残っていることを表わしています。周囲の目に拘束されない、開放的な恋人同士の人間関係や行動が、社会全体に受け入れられつつあるとはいえ、夫婦同姓に対する意識と心理の中に「家」のもつ文化的影響の大きさを感じとることができます。

6　デートレイプ・家庭内の暴力は二人の問題？

女性に対する暴力は、日本に限らずさまざまの国で問題になっています。近年、家庭内暴力（Domestic violence）として世界的に注目されるようになってきました。しかしこの言葉の意味する範囲は広く、暴力の背景も多様です。宗教や習俗も含めそれぞれの国の文化の中に男尊女卑の慣習があり、それらが男性から女性、夫から妻への暴力を発生させる重要な要因となっているのです（Walker, 1999；Ellsberg et al., 1999）。

男女同権で、本人の意思、合意に基づく自由恋愛、結婚が主流を占める今、なぜ恋人間の暴力（デート・レイプなど）、夫から妻への暴力がこれ程まで大きく取りざたされるのでしょうか。親密な関係が進行するにつれ暴力を誘発しやすい関係が生まれるのでしょうか。恋愛の相手と結婚したい理由はなんといっても「愛する人と一緒にいたい」（六一％）からです（オーエムエムジー・マーケティング部、一九九七）。一緒に生活することは、お互いに強く関わるわけですから、独身時代に比べ互いに拘束し合う部分が新たに生まれるということです。実際、次の節でみるように、結婚することで女性は家事、育児等の負担が増え、男性は経済的責任を強く感じるようになります。その意味では、恋愛や結婚は束縛の大きい協同生活といえます。束縛をも喜びに変えるところに恋愛の熱情があるのではないでしょうか。その一方で、多くの女性は「結婚しても自分の生活は守っていきたい」（八一％）と考えており、「相手の親と同居」（六六％）したり、「趣味をやめること」（四〇％）、「専業主婦」になること（二七％）、などは嫌っていることがわかります。この結果は、結婚によって自分の生活が維持できなくなる現実を直感するからこそ、男性主体の生活ではなく、対等に独立した共同生活を大方の女性は願望し、思い描くことを示唆しています。実際、男性は伝統的性役割観を強くもち続けます（坂西、一九九九）。それだけ結婚生活の理想と現実のずれは女性で大きくなります。

結婚によって、掛値なしの現実の姿が見えてくるのは男性も女性も同じでしょう。「相手の嫌やなところが目につくようになった」（関東一八％、東海一六％、関西一八％）り、「相手がやさしくなくなった」（関東六％、東海五％、関西六％）りするのです（リクルート・ゼクシイ事業部、一九九七）。恋愛関係にあるときには見えなかった否定的な面が出てくる時もあります。離婚の原因をみると、「性格が合わない」が第一位ですが、第二位に「暴力を振るう」があげられています（最高裁判所事務総局、一九九五）。しかも妻からの申し立てが一一、五一九件に対して、夫からのものは五七三件で、前者の訴えは実に二〇倍にも及んでいます。他の調査でも「女性に関する事柄で、人権上問題があると思われる」ものに、家庭内での夫から妻への暴力（三六％）が認められています「内閣総理大臣官房広報室、一九九七）。また、実際に身辺で夫婦間暴力について見聞きした人の割合は、「身近な人から相談を受けたことがある」（三％）、「当事者がいる」（九％）、「うわさを耳にした」（一四％）で、四人に一人となっています（北海道生活環境部、一九九七）。夫婦間の暴力は稀なことではなく、男性から女性に対して振るうものが一般的であることがわかります。

男性から女性への一方的な加害行為の一因には、男性を優越視する「家」文化があると考えられます（Kozu Junko, 1999）。妻を殴り暴力事件として取り上げられたバンクーバーの日本総領事が、夫が妻を殴るのは日本の文化であり、取るに足らないことである旨の発言をし、マスコミをにぎわしたのも最近のことです（朝日新聞、一九九九年二月一九、二二日）。彼の言う日本文化とは、家父長制を柱としてきた「家」文化を指しているのでしょう。「配偶者に養ってもらっているという意識がある」女性は一七％います。「配偶者の言葉に深く傷ついたことがある」「配偶者に暴力をふるわれたことがある」は、それぞれ二五％、一〇％であり、少なからぬ女性が、男性が支配的な位置にいることを感じているのです。このことは、先の離婚理由を重ねあわせてみるといっそうはっきりします。離婚理由の四位には「生活費を渡さない」、五位に「精神的に虐待する」があげられています。これまでに女性が体験した暴力の内容でも（服部、一九九九）、「ばかにされののしられ、命令口調でものを言われた」（七四％）、「殴るそぶり等でおどかされた」（四四%）、「実家や友人とのつき合いを制限・禁止された」（四四%）、「生活費を渡さない」（三〇%）、「手をついて謝る、土下座などさせられた」（二一%）、「家の中に閉じ込められた」（九%）などがあげられ、「女、子供は夫に従属し、扶養されるもの」といった意識が、男性に強く残っていると推測されます。「五月に結婚し、同居するにあたって、『婚姻届を出す時、僕が戸籍の筆頭者になったから、住民票では君が世帯主になればいいよ』そんな簡単なやりとりで、私は世帯主になった。……まだ、子供はいないが、もし生まれたら、私の扶養家族に入れたいと思っている。……『主たる生計者』は、そういう事情を一番よく知る本人たちが決めていいはずだ。父権中心的な考えも根強いようだが、行政やほかのだれかが決めることではないと思う」。「家」制度の家父長制の名残が、配偶者控除や扶養関係にも男性優先の慣行として広く残ることをこの女性（三一歳）の投書は示しています。恋人、夫婦間暴力にも「家」文化は心理的に潜在的影響力を強く及ぼし続けているのです。

7　恋人に求める理想と現実

「男は社会、女は家庭」といった価値観は次等に薄れてきています。未婚女性はどのような男性に魅力を感じ、結婚相手を選ぶのでしょうか。アプラス（一九九八）が二〇歳代の独身女性を中心に行った調査では、彼を選ぶポイントとしてもっとも重視する点は「価値観」（五一%）、「やさしさ」（二四%）です。「経済力」はわずか四%で、人物本位の恋人探しをしています。しかし、他の資料を合わせてみると、相手に求める条件はもう少し複雑になるようです。理想とする配偶者の職業はサラリーマン（メーカー）

（二〇％）、商社サラリーマン（一八％）、公務員（一七％）となっています。また、求める収入をみると、五〇〇〜七〇〇万円がもっとも多く四七％、七〇〇〜一、〇〇〇万円が二三％、一、〇〇〇万円以上が一五％になっています。回答者が二〇代の女性であることを考えると経済的に安定した職業で、高額の収入のある男性を希望していることがうかがえます。三〇歳代の独身女性を対象にした別の調書（オーエムエムジー・マーケティング部、一九九八）でも、つき合っていた男性と結婚をしなかった理由として、相手の経済力不足に対する不満をあげる割合は二二％でした。相手に八〇〇万円以上の年収を望む女性は二九％、一、〇〇〇万円以上は二〇％です。では実際の収入はどの位でしょうか。一年以内に結婚した夫婦を対象にした調査（リクルート・ゼクシイ事業部、一九九八）では、平均二八歳の男性の年収は、四六五万円です。女性の希望する年収と男性の実収入との間には大きなひらきがあることがわかります。

女性はなぜ実態に合わない法外とも思える経済力を男性に求めるのでしょうか。女性の結婚が職業の継続・中断と結婚後の生活に関係し、夫となる男性に対する経済的願望に反映しているのかもしれません。専業主婦を希望する女性は二五％、仕事を今すぐやめたい一〇％、結婚後すぐにやめたい二一％、子供ができたらやめたい二六％で、全体では半数以上の五六％の女性が結婚後職業を中断することを予想しています（オーエムエムジー・マーケティング部、一九九八）。結婚後も仕事についている女性は五七％です。結婚を機に退職した三四％、出産を機に退職二％、結婚前から勤めていない三％で、ほぼ四〇％の女性は仕事を離れています（リクルート・ゼクシイ事業部、一九九八）。結婚して経済的に楽になった人（首都圏一三％、東海九％、関西一〇％）より、苦しくなった人（首都圏二四％、東海二二％、関西二六％）の方が多くなっています。さらに、結婚をきっかけに転職した女性（一三％）の収入は以前に比して減少している場合が多いのです（首都圏六七％、東海七四％、関西七九％）。

女性と男性がお互いに配偶者を選択するときに、収入等を重視または考慮する割合は次のようになっています（国立社会保障・人口問題研究所、一九九七）。相手の収入など経済力＝女性九一％、男性三一％、相手の職業＝女性七八％、男性三六％、相手の学歴＝女性五〇％、男性二四％です。全体的に女性は男性に比べ相手に対して経済的基盤の安定を強く望んでいることがわかります。完全失業率が四・九％（一九九九年七月三〇日総務庁発表）で、「超氷河期」といわれる就職難の現在、男女雇用機会均等法が施行されたとはいえ、女性の就業はとりわけ厳しい状況にあります。「就職超氷河期時代に当たってしまったのが運のつきか、一つも内定がもらえずにいる一女子学生です。……男女雇用機会均等法が制定されて、表向きは男女関係なく受験の門が開かれているのですが、実際は違うのです。三度も遠隔地から呼んだあげく、リクルーターを通した男子しか採用しない大手メーカーや、『性差ではなく能力差を大切にしています』と言いながら、後日、採用人数を見ると男子は三五人で、女子はゼロの御商社など、例をあげるときりがありません。『女子は採用しない』と口に出せば法律にふれるので証拠が残らないようにしているのです」（朝日新聞、一九九九年八月八日）。男女の賃金格差もまた歴然としており、一九九五年の統計によれば、男性の給与を一〇〇とすると女性は六五です。「男性社員と質・量ともに同等の労働をしたのに給与や昇進面で著しい格差をつけられたのは、憲法の定めた『法の下の平等』や労働基準法が定めた『同一労働同一賃金』の原則に反する」として、男女の賃金格差の不当性を認め是正を求める大阪地裁の判決（一九九九年七月二八日）は、男性優位の社会の現実を例証するものです。

こうした事情を見ると、女性は結婚することにより職業を中断し、経済的に不安定になる可能性が大きいといえます。その分異性に対する期待は増大し、結婚後に感じる経済的負担は、女性（三六％）より男性（六九％）に大きくなります。一方、結婚によって感じる家事の負担は男性以上に女性に大きくなっています。たとえば、「仕事と家庭の両立が困難」だと感じる割合は男性二一％に対して女性三八％、「育児が負担」は二三％対三三％、「家事が負担」は一二％対三九％、「結婚相手の父母の介護」は一七％対二九％であり、家事・育児・介護が女性に重くのしかかっています（総理府、一九九九年七月三日発表、朝日新聞、一九九九年七月四日）。結婚を契機に「男は社会、女は家庭」といった性役割の分化がいっそう強く生じ、女性が男性の収入に依存する度合いが大きくならざるを得なくなります。恋人同士は、お互いを不可欠な存在として認め合う親密な関係になればなるほど、結婚生活を展望する中で、「男は社会、女は家庭」といった現実を感じとることになります。

8　恋愛と結婚のゆくえ

理想の恋愛、結婚を描くことは難しいが、女性も男性もお互いに経済的に自立できることが重要な条件になるでしょう。その上で、希望に応じて女性、場合によっては男性が十分な育児休暇を保証されることは欠かせません。家事の分担を月火水は夫、木金土は妻、日曜は二人で、というように、機械的に決める場合もあるようです。矛盾を抱えた社会環境の中では、融通をきかせないとうまく行かないことが多いようです。恋人、夫婦によって互いの就業形態に違いがあり、柔軟なやりくりが必要とされます。重要なことは、二人の間で生じた問題、社会的な問題、等を、二人で話し合い、解決の糸口を合意の上で探し出していける関係を築くことができるか否かではないでしょうか。今お互いに仕事をもち、仕事上の都合で合意の上で別居している夫婦がいるとしましょう。妻は、仕事に適応し、ストレスも少なく、充実しています。それに対して、夫は、仕事に疲れを感じ、家庭の団欒が欲しいと切望しています。収入や職業的な安定では両者に違いがありません。こうした場合、女性が職業を離れ、夫の職業を優先させることが多いのではないでしょうか。女性が職業を継続しようとすると、離婚の問題に発展することもあります。男性の仕事に負担が大きく加重であるとすれば、男性が職業を離れ、女性の職業を優先させることができる、そんな社会的環境、夫婦関係が生まれ広まれば、窮屈な男女の関係も気楽なものへときっと改善されるでしょう。夫が主夫を務め、家事育児を担う、伝統的な性役割と逆の男と女の関係を自由に選択でき珍しくなるとき、お互いにもっと生き生きとし、魅力を発揮できるようになるのではないでしょうか。家族全員がそろう時間がとれるように日本の社会的条件、労働環境が改善されるとき、女性も男性も伝統的な男性役割、女性役割から抜け出て、「メンツ」にこだわらない、平等で対等な恋愛、結婚も楽しむことができるのでしょう。

引用・参考文献

秋田県生活環境部　一九九七　男女の意識と生活実態調査（総理府内閣総理大臣官房広報室（編）『平成一〇年版全国世論調査の現況』）
アプラス　一九九八　独身女性の理想と現実（『教育アンケート調査年鑑』編集委員会　一九九九　教育調査年鑑一九九九年版　上　創育社）

坂西友秀　一九九九　『ジェンダーと「家」文化』　社会評論社

土居光華　一八七六　文明論大学（石川松太郎（編）　一九七七　『女大学』　東洋文庫三〇二　平凡社）

Elsberg, M., Caldera, T., Herrera, A., Winkvist, A., and Kullgren, G.　1999　Domestic violence and emotional distress among Nicaraguan women. *American Psychologist*, **54**, 30-36.

福沢諭吉　一八九八　新女大学（石川松太郎（編）　一九七七　『女大学』　東洋文庫三〇二　平凡社）

服部範子　一九九九　ドメスティック・バイオレンスについての最近の状況（岡堂哲男・関井友子（編）『ファミリー・バイオレンス　家庭内の虐待と暴力』　現代のエスプリ　五一－六三頁。）

北海道環境生活部　一九九七　女性に関する意識調査（総理府内閣総理大臣官房広報室（編）『平成一〇年版　全国世論調査の現況』）

貝原益軒　一七一〇　女子を教ゆるの法（石川松太郎（編）　一九七七　『女大学』　東洋文庫三〇二　平凡社）

木村俊夫　一九四九　『若き女性の心理』　刀江書院

国立社会保障・人口問題研究所　一九九七　第一一回出生動向基本調査（厚生省　一九九八　『平成一〇年版　厚生白書』　ぎょうせい）

Kozu Junko　1999　Domestic violence in Japan. *American Psychologist*, **54**, 50-54.

熊倉武雄　一九九九　今、結納を交わす人は半分（日本青年館結婚相談所　一九九九　W一一）

内閣総理大臣官房広報室　一九九七　国民生活に関する世論調査（総理府内閣総理大臣官房広報室（編）『平成一〇年版　全国世論調査の現況』）

折井美耶子　一九九九『婚約の成立』のあかしと『家』の繁栄のために（日本青年館結婚相談所　一九九九　W一一）

オーエムエムジー・マーケティング部　一九九八　三〇代独身ＯＬの恋愛・結婚意識調査（「教育アンケート調査年

鑑」編集委員会　一九九九　『教育調査年鑑』一九九九年版　上　創育社）
リクルート・ゼクシイ事業部　一九九八　新婚トレンド調査　九八（「教育アンケート調査年鑑」編集委員会　一九九九　『教育調査年鑑』一九九九年版　上　創育社）
最高裁判所　一九九五　司法統計年報　（総理府　一九九七　『男女共同参画の現状と施策』　大蔵省印刷局）
東京都渋谷区　一九九七　男女平等社会実現に向けての渋谷区民の意識と実態調査　（総理府内閣総理大臣官房広報室（編）『平成一〇年版　全国世論調査の現況』）
Walker, L. 1999 Psychology and domestic violence around the world. *American Psychologist*, **54**, 21-29.

第3章　彷徨する夫婦関係
——衡平性の観点から——

第三章では、結婚生活を送る上で、夫婦間の損得のバランスを調整するというシャドウ・ワークについて考えます。近年、伝統的性役割観への支持は減少傾向にありますが、女性は男性の意識変化の遅れにいらだっているようです。そして、少なからぬ妻たちは、夫との関係が衡平ではないと感じています。そこで、たとえば自分が損をしていると考える妻たちは、夫婦の間での衡平を得ることをあきらめた場合、家庭外に飛び出し、自分のもつ、複数の人間関係を念頭に置き、それ全体での損得の帳尻合わせをします。これが妻の不倫、浮気の原因のひとつになるとも考えられるのです。

我が国の離婚率は年々増加する傾向にあり、先進国の「仲間入り」をしつつあります（毎日新聞、一九九九年一月一日朝刊、一九九八年の離婚推計二四万三〇〇〇組）。「一心同体」や「夫唱婦随」という言葉に象徴される夫婦関係が「危機」にさらされているわけです。ここでは、夫婦関係における妻の「反乱」すなわち不倫や浮気に焦点をあて、その現象を衡平（equity）理論の観点から説明するとともに、男女平等化社会の進展の中で彷徨する夫婦関係のゆくえを探ることにしましょう。

１　衡平性の観点からみた夫婦関係

衡平性とは何か

アダムス（一九六五）は、人々が営む当該の交換関係の公正さを判断する主観的基準として衡平性の概念を提起しました。彼によれば、自他のアウトカム（O：その交換関係から得ているもの）と、インプット（I：その交換関係に投入しているもの）に関する自他の比率（O／I）の比較が衡平／不衡平経験をもたらします。これを図3-1に表します。

ウォルスターら（Walster et al., 1978b）は、アダムスの考えを対人関係に拡大しました。先行研究では、恋愛関係や夫婦関係への衡平理論の適用がおおむね妥当であることが見出されています（諸井、一九九六a参照）。とりわけ、衡平性認知と性愛との関連がみられたことはここでの主題からも重要です。

ウォルスターら（一九七八c）は、恋愛中の大学生のうち、衡平利得者が、もっとも高い性的進展度を示し、性交渉の理由として「両者が望んだから」という回答を多く選択することを見出しました。また、

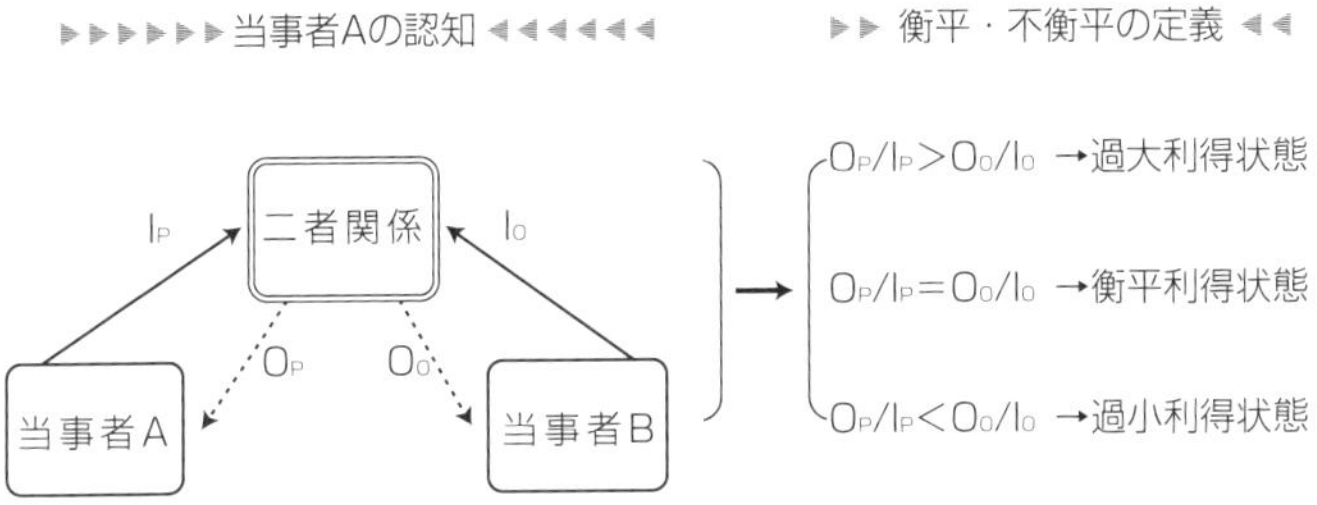

図 3-1　二者関係におけるインプットとアウトカムの認知

新婚夫婦を対象としたハットフィールドら（一九八二）の研究では、過大利得状態になるほど性的満足度も高まり、性交渉後の感情も肯定的であることを示す傾向が得られました。これは、過小利得者が性愛に関する不満を抱いていることを表わします。

　このように、衡平理論に基づくと、夫婦関係における不衡平の生起が夫婦の性愛の点での不具合をはらむことになります。

家庭内労働における衡平性認知

「男は仕事、女は家庭」に象徴される伝統的性役割観に従えば、家庭を維持するための収入を夫が得、家庭内の維持に関わるさまざまな行動は妻によって担われることになります。一方、男女平等の考えからは、家庭内労働に妻を拘束することは必ずしも必要とされません。最近の全国調査（総理府広報室編、一九九八：二〇歳以上対象）をみると、伝統的性役割観への支持は減少していますが、男性側の変化の遅滞が認められます（「夫は外で働き、妻は家庭を守るべきである」への賛成率〈一九七九年、一九九二年、一九九七年の順〉：男性七五・六％→六五・七％→六四・九％：女性七〇・一％→五五・六％→五一・九％）。また、家庭内労働の分担については、男女ともに家事・育児が女性の仕事と依然として認識して

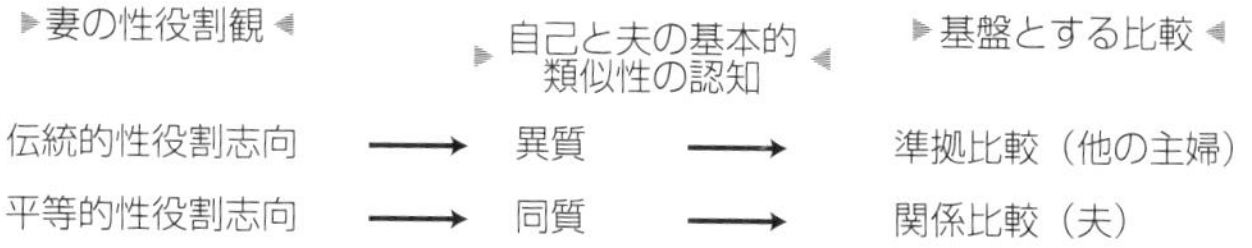

図 3-2　衡平性認知のための比較対象と性役割観との関係
（VanYperen & Buunk, 1991 より）

おり（一九七九年、一九九七年の順：男性八七・七％→八八・五％：女性八三・九％→八四・六％）、伝統的性役割観がまだまだ優勢であると言わざるを得ません。夫婦の衡平性認知を扱った研究をみると、夫の衡平性認知が妻に比べ過大利得方向に一般的に偏っています（諸井、一九九六ａ参照）。つまり、特権的立場にある男性側による都合のよい方向への夫と妻の認知のずれが存在します。

したがって、衡平理論を単純に適用すると、家庭の中の妻は不幸な状態におかれていることになります。この問題に関して、ヴァンイペーレンとブウンク（Van Yperen & Buunk, 1991）は、次の類似性仮説を提出しました。彼らは、社会的比較理論に基づき、妻の抱く性役割観によって衡平性比較の対象が異なると考えました。平等的態度をもつ妻は、夫との間に基本的類似性を認知するために、比較他者として夫を選択します（関係衡平性）。ところが、伝統的態度を抱く妻の場合には、夫との間に類似性が認知されず、比較他者として何らかの準拠集団内の同性との比較が重要となります（準拠衡平性）。これらの仮説を図3-2に示します。ヴァンイペーレンとブウンクの研究では、予想通り、平等的態度をもつ妻では、伝統的態度を抱く妻よりも、関係衡平性と夫婦関係満足との強い関わりが得られました。準拠衡平性については、性役割観に関わらず、夫婦関係満足と強い関係が示されました。

この類似性仮説は、家庭内労働の妻への過重な負担（関係衡平性）が必ずしも不衡平な認知をもたらさない可能性を示唆します。つまり、自分と同じように過重な負担を強いられている他の主婦と比較すれば、不衡平な認知は生じません。むしろ、他の主婦との比較が夫婦関係満足にとって重要なのです（準拠衡平性）。

諸井（一九九六b）は、幼稚園や保育園に通う園児を抱える母親を対象とした調査に基づき、類似性仮説を次のように修正しました。平等的態度をもつ妻では、夫が伝統的態度を抱いている場合には、異質性認知が生じ、夫婦関係満足にとって夫婦外比較が重要となりますが、夫の態度も平等的である場合には、夫婦間の同質性認知がもたらされ、夫婦内の比較結果が妻の満足にとって重要になります。ところが、伝統的態度をもつ妻では、夫の態度による比較対象の切り換えを単純に行えないために、準拠衡平性や関係衡平性のいずれにも依拠できないと思われます。

衡平性の観点からみた不倫行動

オースティンとウォルスター（Austin & Walster, 1974）は、人には当該の時間範囲内での自己の関係全体において衡平を維持しようとする傾向があることを指摘し、世界に対する衡平性（equity with the world）を提唱しました。その人が営む複数の関係間で全体として帳尻を合わせることによって、自己の衡平を維持しようとするわけです。

ウォルスターら（一九七八a）は、同棲・結婚生活での過小利得者が、配偶者に対し性行動の点でのより大きな譲歩を期待し、結婚外の性交渉を営む傾向が強くなると予測しました。彼らは、過小利得者が、①同棲・結婚後の結婚外の性交渉をより早く体験する、②結婚外の性交渉相手の人数も多い、という肯定的結果を得ました。プリンズら（Prins, Buunk, & VanYperen, 1993）も、過小利得者だけでなく過大利得者が①結婚してからの浮気回数や②浮気願望頻度が多い傾向を妻に限って認めています。本来は閉鎖的関係である夫婦・恋愛関係においても世界に対する衡平性への配慮が存在することになります。

世界に対する衡平性の観点から不倫や浮気を考えると、夫婦関係の中での不衡平を「不倫相手」との関係も含めることによって解消できます。理論的予測としては、夫婦関係の中で恵まれすぎると妻は「貢ぎ型不倫」、剝奪感があると「愛情獲得型不倫」にはまり込むことになります。

2　彷徨する夫婦関係

ベストセラーにもなった『マディソン郡の橋』（ウォラー、一九九三）では、「これ以上孤独ではありえないほど孤独」なロバートと「ほんの数秒見ただけで」「魅入られてしまった」フランチェスカの「不倫愛」と別離が描かれています。ロバートは、この愛がもう二度と起こらない「確信のもてること」であることを強調しますが、結局、フランチェスカは家族に対する価値を選択します（「暮らしに対する責任」、「リチャードに対する、子どもたちに対する責任」）。この構図を図3-3に表します。

もしもフランチェスカがロバートと旅立つ決心をするならば、この話は陳腐な結果に終わるはずです。フランチェスカの抱く葛藤と保守的解決は、家庭の中で不衡平感と自由幻想との葛藤に苦悩する主婦の現代的本性に投影できるために、逆に共感をよんだと思われます。

実は、このパターンは、従来のホームドラマにおける主婦の典型的役割を破壊した『岸辺のアルバム』（TBS、一九七七放映）にもみられます（平原、一九九四）。このドラマの中では、主婦則子は「主婦

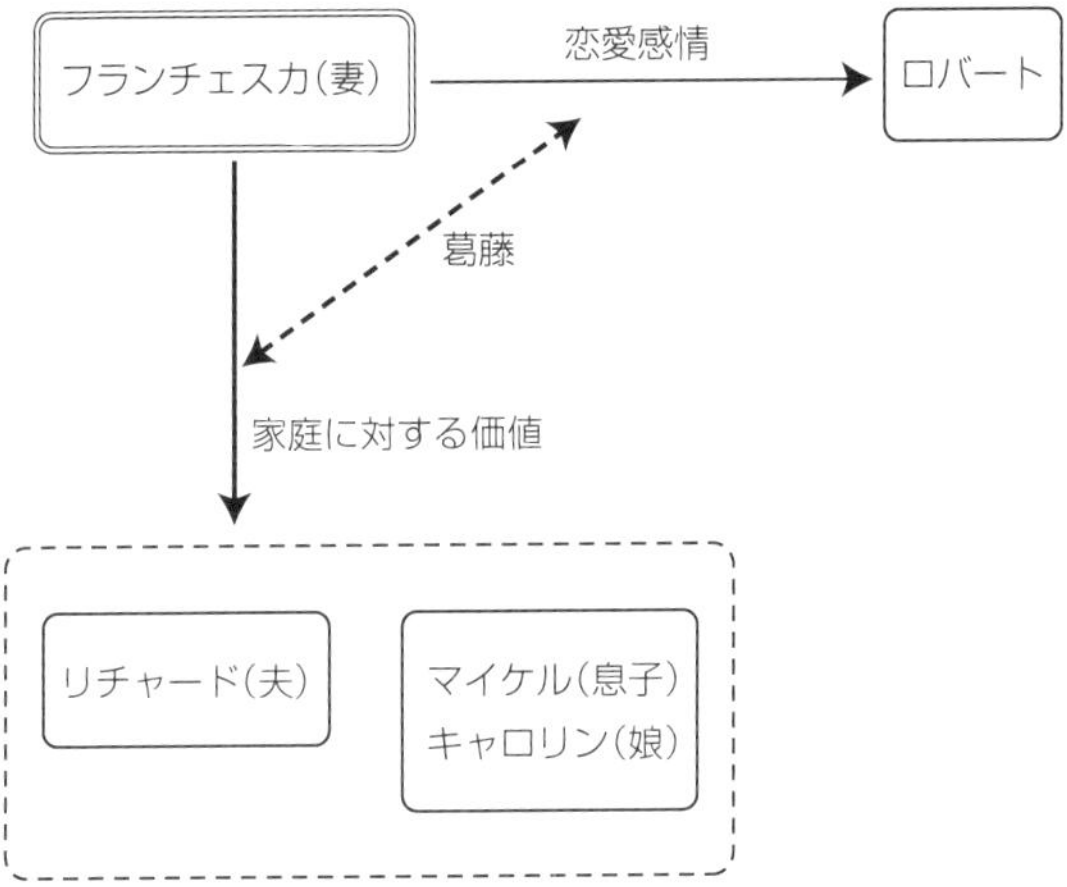

図 3-3　『マディソン郡の橋』における不倫の構図

から女へと変身」するものの、結局のところ「家族愛」へと回帰します。ほんの一瞬、「いつもの日常」から飛翔しただけなのです。

しかしながら、全国調査によると（総理府広報室編、一九九八）、結婚相手への不満足感と離婚を結びつける者が男女ともに増加しています（「結婚しても相手に満足できないときは離婚すればよい」への賛成率〈一九九二年、一九九七年の順〉：男子四四・〇％→五二・九％：女子四四・六％→五五・二％）。もっとも、青年（一八～二四歳）を対象とした調査によると（総務庁青少年対策本部編、一九九九）、「互いに愛情がなくなれば、離婚すべきである」と考える者が日本では一二・八％にすぎませんが、米国では三六・五％に達します。しかし、興味深いことに、日本の若者は、米国の若者に比べて「婚前性交渉」に対して寛容です（総務庁青少年対策本部編、一九九四：「お互いに愛情があればかまわない」への賛成率：それぞれ七〇・八％、五一・三％）。

衡平理論を単純に適用すれば、「不衡平感→不満足→

不倫行動」という図式がみえてきますが、実は状況はそれほど簡単ではありません。先に述べたように、伝統的性役割観は、急激に捨て去られるかにみえるものの、とくに家庭の中では依然として支配的です。このことと相応して「家庭への固執」が現われます。「人妻の不倫」を扱った家田（一九九七）は、いくつかの事例を通して「家庭に支障をきたさなきゃいい」という、ある意味で普遍的な原理を発見します。要するに、彼女が描いた世界の人妻では、夫婦関係から性愛が独立しているのです。しかしながら、重要なことは、『マディソン郡の橋』のフランチェスカや、『岸辺のアルバム』の則子が抱いたような葛藤がほとんどみられないことです。

最後に、今後の我が国の夫婦関係の行方を占うことにしましょう。先の若者の調査でみられた、①男女平等意識の進展や、②性愛に対する許容性は、夫婦関係と性愛を分離させるという巧みな解決策か、離婚という「純粋な」解決策への二極化をもたらすと推測できます。前者の解決策では、「子どものちょうつがい的機能」によって現在のような家族制度がまがりなりにも維持されることになります。後者の解決策は、保育支援策や中年女性の就業保証など「安心して離婚できる」ための種々の社会的改革を必然化することになります。

ヴァンイペーレンとブウンク（一九九一）による性役割観と比較対象の選択に関する考えは、この二極化をある程度説明できるかもしれません。離婚解決策は、平等志向性の強い妻が選択するでしょう。しかし、伝統的性役割観をもっている妻の場合（全国調査によれば依然として約半数が信奉しています）、比較相手を切り替えても目の前の「日常」には自己に不衡平な家庭世界が依然として存在しており、自己総体と世界との関係の中で不倫の冒険を犯したとしても（世界に対する衡平性）、相変わらず家庭は自分の責任で切り盛りする場所なのです。つまり、本来は一体である性愛と夫婦関係が切り離されているのです。たとえば、アロンとウェストベイ（Aron & Westbay, 1996）は、恋愛の原型が熱愛、親密性、関与感の三成分から構成されることを見出していますが、いわばこの熱愛成分が乖離しているわけです。

速水（一九九八）は、「援助交際」に走る女子高校生の基底に「恋愛→セックス→結婚」という図式を放棄した「セックスと人格の分離」があることを指摘しています。たとえば、『ボディ・レンタル』という小説（佐藤、一九九六）の主人公である女子大学生マヤは、「わたしの体は誰のものでもない。誰に貸し与えたっていいわけだ」と観念化し、援助交際と何ら変わらない行為を繰り返します。これらは、性愛成分の意図的分離と解釈できます。

ところで、家庭内労働を「アンペイドワーク」としてとらえ、経済的価値計測によりその社会的コストを市場経済に負担させるシステムづくりの中で評価していく提案があります（久場・竹信、一九九九）。これは、衡平理論の観点からは妥当な試みといえますが、夫婦関係から性愛成分を分離する試みを促すようにも思えます。もっとも、このような性愛成分の分離は「近代化」の宿命かもしれません。氏家（一九九八）によれば、近代以前の日常生活では、「性愛の営み」が同性・異性関係をこえた「人間相互の深い親しみや信頼関係と不可分」だったのです。

引用・参考文献

Adams, J.S. 1965 Inequity in social exchange. *Advances in Experimental Social Psychology*, **2**, 267-299.
Aron, A., & Westbay, L. 1996 Dimensions of the prototype of love. *Journal of Personality and Social*

Psychology, **70**, 535-551.
Austin, W., & Walster, E.　1974　Participants' reactions to "Equity with the world." *Journal of Experimental Social Psychology*, **10**, 528-548.
Hatfield, E., Greenberger, D., Traupmann, J., & Lambert, P.　1982　Equity and sexual satisfaction in recently married couples. *Journal of Sex Research*, **18**, 18-32.
速水由紀子　一九九八　『あなたはもう幻想の女しか抱けない』　筑摩書房
平原日出夫　一九九四　『山田太一の家族ドラマ細見——愛と解体と再生——』　小学館
家田荘子　一九九七　『人妻』　講談社
久場嬉子・竹信三恵子　一九九九　『「家事の値段」とは何か——アンペイドワークを測る——』　岩波ブックレット No. 473
毎日新聞　一九九九　一月一日朝刊　「九八年はカップルに過去最高の逆風」
諸井克英　一九九六a　親密な関係における衡平性　大坊郁夫・奥田秀宇（編）『親密な対人関係の科学』　誠信書房　五九-八五頁。
諸井克英　一九九六b　家庭内労働の分担における衡平性の知覚　家族心理学研究、一〇、一五-三〇頁。
Prins, K. S., Buunk, B. P., & Van Yperen, N. W.　1993　Equity, normative disapproval and extramarital relationships. *Journal of Social and Personal Relationships*, **10**, 39-53.
佐藤亜有子　一九九六　『ボディ・レンタル』　河出書房新社
総務庁青少年対策本部（編）　一九九四　『世界の青年との比較からみた日本の青年——第五回世界青年意識調査報告書——』　大蔵省印刷局
総務庁青少年対策本部（編）　一九九九　『世界の青年との比較からみた日本の青年——第六回世界青年意識調査報告

書──』 大蔵省印刷局
総理府広報室（編） 一九九八 男女共同参画社会 『月刊世論調査』 平成一〇年四月号 大蔵省印刷局
氏家幹人 一九九八 『江戸の性風俗──笑いと情死のエロス──』 講談社現代新書
Van Yperen, N. W., & Buunk, B. P. 1991 Sex-role attitudes, social comparison, and satisfaction with relationships. *Social Psychology Quarterly*, **54**, 169-180.
ウォラー R. J. 村松 潔（訳） 一九九三 『マディソン郡の橋』 文藝春秋 （Waller, R. J. 1992 *The bridges of Madison county.*）
Walster, E., Traupmann, J., & Walster, G. W. 1978a Equity and extramarital sexuality. *Archives of Sexual Behavior*, **7**, 127-142.
Walster, E., Walster, G. W., & Berscheid, E. 1978b *Equity : Theory and research.* Boston : Allyn and Bacon.
Walster, E., Walster, G. W., & Traupmann, J. 1978c Equity and premarital sex. *Journal of Personality and Social Psychology*, **36**, 82-92.

第４章　専業主婦の焦燥感

第四章では、専業主婦の多くが、自分のアイデンティティ探しに大きな関心をよせている現象に注目します。少子化や長寿化、負担感の大きい子育て、家族の心理的な個人化など、彼女らが焦燥感をもたざるを得ない社会状況はますます顕著になっています。しかし、たいていの主婦は、自分の焦燥感が社会状況と結びついているのだという認識のないまま、「夫が認めてくれる範囲」で「子育てに支障がない範囲」で、自分から自由の枠を設け、個としての自分を押さえて生きるというシャドウ・ワークをしているのです。

1　「自分さがし」は多くの女性の関心事

女性の生き方に関するテーマは、たびたび女性誌に取り上げられます（たとえば、『フラウ』、『ラセーヌ』、『OZマガジン』）。それはとりもなおさず、今の女性にとって「大きな悩みや不満があるわけではないけど何か物足りない、何か打ち込めるものを探したい」という、いわば「自分さがし」が大きな関心事になっていることの反映ではないでしょうか。

私的な話題で恐縮ですが、私もかつてその悩みを経験したひとりです。私は大学卒業後七年間大手旅行代理店に勤務し、退職して子育て専業の主婦となりました。ほんの数ヶ月前まで忙しく飛び回っていた生活が、急に、家と砂場とスーパーという三角形の辺上を移動する毎日に変わったのです。もちろんはじめての子どもは、日々変わる表情を少しでも見逃すのは惜しいとさえ思うほどにかわいく、それはそれで幸せではありました。でも子どものための三角形の生活が、私自身の将来の「何か」につながっているとは思えず、「もっと達成感のある何かがほしい」と切実に感じたものです。そして周囲のお母さんが小学校受験の塾通いをしている頃、私は「何か」を探して子連れで日本語教師をしたり、カウンセリング教室へ入ったりしました。私にとってその「何か」は、子どもの小学校受験よりも大切だったのです。

今日の女性、特に専業主婦は将来の生き方を考えるとき、子育て以外に「何か」探さなくてはという思いと、子育ての責任との間で心が揺れるのではないでしょうか。「自分さがし」がなぜこれほどまでに今日の女性の関心事なのか、なぜ「自分らしい何か」がなかなか見つからないのか、その背景について考えてみましょう。

2　専業主婦の焦燥感

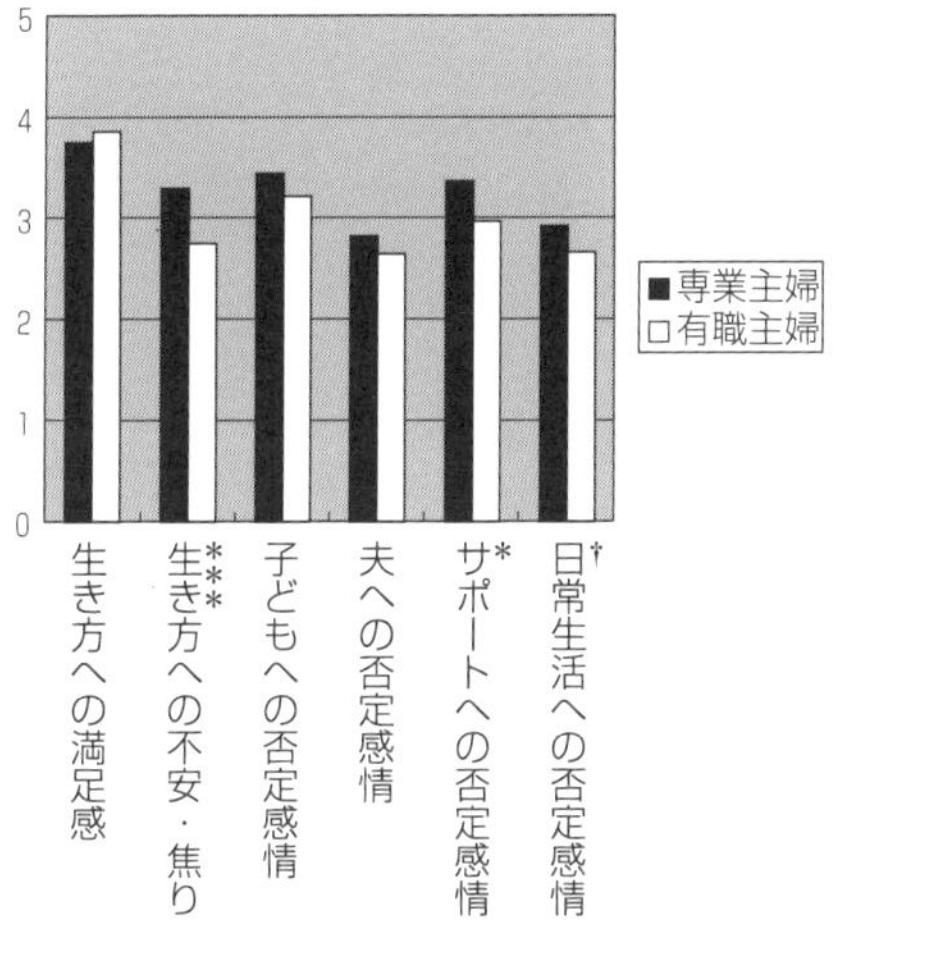

†p <.10　*p.05　***p <.001　n=106

図 4-1　専業主婦と有職主婦の生活感情の比較

既婚女性が自分の生き方についてどのように感じているのか、具体的な調査から見てみましょう。次のグラフ（図4－1）は、首都圏在住、三十代・大卒の子どもをもつ既婚女性を対象に行った、既婚女性の生活感情（日常生活で経験する持続的な感情）についての調査結果です（永久、一九九五）。さまざまな生活感情を①生き方への満足感、②生き方への不安・焦り、③子どもへの否定感情、④夫への否定感情、⑤サポートへの否定感情、⑥日常生活への否定感情の6領域にまとめ、それらを専業主婦と有職主婦で比較しました。これらのうち①生き方への満足感　②生き方への不安・焦りに焦点を当てて見ていくことにしましょう。

まず①生き方への満足感について見ると、「楽しい」「私は必要とされている」「はりのある日々を送っている」などの肯定的感情を、専業主婦も有職主婦も同程度に感じていることがわかります。三〇代はまだ末子の年齢が低く、子育ての中で充実感を感じる場面も多いでしょう。職業の有無にかかわらず、三〇代の母親がいきいきと生活している様子が見えてきます。

ところが②生き方への不安・焦りの得点を見ると、有職主婦に比べ専業主婦の方がずっと高くなっています。子育て真っ盛りでいきいきと生活している専業主婦ですが、その心中は複雑なのです。子育てに生きがいや生活のはりを見出している人も、そう遠くない将来に子育てが終わること、その時に子育ての代わりに自分を支えるものが必要なことはわかっています。また子育てに生きがいを見出せない人は、子育て以外に自分の能力を発揮できる何かを探しています。専業主婦は楽しく充実した生活を送る一方で、子育てに生きがいを見出している人もそうでない人も、子育て以外の「何か」を探しているのです。

3　専業主婦のアイデンティティの基盤は子育て

さきほどの調査では、もう一つ、子どもや子育てについての考えについても調査しています。子どもや子育てが母親にとって価値があることは考えるまでもない、と思われがちですが、「子育ては楽しい」「子育てによって自分が成長する」「子どもは家族の結びつきを強める」「子どもがいると老後心強い」と、どの程度思うかには個人差があります。子育てに価値があることは誰もが認めるものの、どのようなことにどのくらい価値を認めるかは、その人の置かれた状況や家族についての考えによって違ってくるのです。

表 4-1　子どもや子育てについての考えと，生き方への感情の相関

子どもや子育ての考え／項目例 生活感情　項目例	同一視 子どもは自分の理想を託せる存在。子どもは分身。など	教育熱 子育ての責任は母親。学歴をつけてやるのは，親の務め。など	子育ての肯定価値 育児で自分が成長する。子育ては楽しい。など	負担感 精神的負担がふえる。育児以外の自分をのばしたい。など
生き方への不安・焦り　やりたい事が見つからず焦る。今のままの生き方でいいのか不安。	−.02 (.24)	−.19 (.22)	−.42** (−.05)	.50*** (.44**)
生き方への満足感　必要とされる存在だと満足。はりのある毎日だと満足。	.13 (.11)	−.02 (.08)	.50** (.25)	−.16 (−.42**)

（注）上段は専業主婦，下段（　）内は有職主婦　　**p ＜.01　***p ＜.001

では子育てをどの程度価値があると思うかは、母親が職業をもつか否かで違うでしょうか。この得点を専業主婦と有職主婦で比べると平均値はほぼ同じです。どちらも同じ程度に子どもや子育てには価値があると考えているのです。しかし生活感情と関連づけて分析してみると、この二つのグループ間では、子育てが自分にとってどんな意味をもつかが違っていることがわかります。子育ての価値を高く認めるほど生き方の満足感が高くなる点は両グループに共通なのですが、子育ての価値を高く認められないと自分の生き方についての焦りや不安が高くなる、というのは専業主婦だけでした（表4-1）。有職主婦の中にももちろん、子育ての価値をさほど高く認めない人はいます。でも、だからといって有職主婦は自分の生き方についての不安や焦りが高くなるわけではなかったのです。

この違いは、専業主婦と有職主婦では生き方の中心にあるもの、つまりアイデンティティの基盤が違うことを意味しているのだと思います。専業主婦のアイデンティティは母親役割が基盤であるのに対して、有職主婦の場合はそれ以外のもの、おそらく職業役割など母親役割以外のものも基盤になっているのではないでしょうか。専業主婦が達成感、自分らしさ、有能感などを得るのは主に子育てを通してです。そのため子育てがうまくいくかどうか、子育ての価値を高く認めるかどうかが、自分自身の生き方への評価に関わるのです。

4　少子・長寿命化はアイデンティティの再構築を迫る

専業主婦のアイデンティティの基盤が母親役割だといっても、母親役割が死ぬまで続くわけではない、一生そのままの路線では生きていかれないところに今日的問題があります。わたしたち戦後に結婚した世代は戦前に結婚した祖母の世代と比べて、育児後の期間が約二倍と長くなっています（湯沢、一九九五）。女性の平均寿命が延び、一方で一生の間に産む子ども数が減っているからです。母親役割中心の時間が人生に占める割合は縮小しているのです。三〇代前半に末子を産み終えるとすると、その子どもが中学に入ったとき母親は四〇代半ばです。まだまだ何でもできる年齢、男性ならば脂の乗り切った仕事盛りです。八五歳まで生きるとして、あと四〇年間をどう充実させたらいいのか、母親役割以外のアイデンティティの基盤をさがす必要に迫られるのも当然です。多くの女性にとって中年期は、これまでの生き方を見直して生き方の軌道修正をする時期、つまりアイデンティティの再構築をしようと模索する時期なのです（岡本、一九九四）。

既婚女性が中年期にどのようにアイデンティティを再構築するかは、専業主婦と有職主婦で違いがあります。アイデンティティの再構築にあたって有職主婦の場合は、これまでと同じ路線の中で、仕事に注いできたエネルギーをもう少し自分自身に向けようなどの軌道修正であることが多いようです。それに対して専業主婦は、家庭の中から家庭の外へというように大きく方向を変える傾向がみられます（堀内、一九九三）。アイデンティティの基盤をこれまでとはまったく異なる領域に求めるという点で、「自分さがし」は専業主婦の方がよりいっそう難しく不安も大きいだろうと思います。

5　負担感が大きい「子どもの教育」

さて、さきほどの生活感情の研究からもう一つわかったことがあります。それは高学歴の専業主婦にとって子育ては生きがいではあるけれど、同時に負担感もかなり大きいということです。「できるだけ学歴をつけてやるのは親の務めだと思う」「親が犠牲になっても、できるだけのことはやってやりたい」など子どもの教育をしっかりやろうと考えるほど、子育てが負担になってくる傾向は、専業主婦にのみ見られる傾向でした（表4-2）。また子育ての責任は母親にあると考える人ほど子育てを楽しく思えなくなる傾向も、専業主婦にのみに見られる特徴でした（表4-3）（永久、一九九五）。

今日の高学歴専業主婦は、一度は社会で働いた経験をもち、子育てに専念するために専業主婦となった人がほとんどです。子どもはいわば自分の作品のようなものなのです。子育てとその成果の中に、自分自身の達成感、有能感、自分らしさを求め、さらにそれが生き方の満足度に関わるとなれば、子育て・教育

表 4-2　子どもや子育てについての考え

	同一視	教育熱	肯定価値	負担
同一視				
教育熱	.50*** (.53***)			
肯定価値	.58** (.55***)	.29*** (.58***)		
負担	.06 (.50)	.58*** (−.08)	−.15 (.05)	

（注）上段は専業主婦，下段（　）内は有職主婦　***p ＜.001

表 4-3　子育ての「責任」と「楽しさ」の関係

	子育ての責任はやはり母親にある
子育ては楽しい	−.40** (.13)

（注）上段は専業主婦，下段（　）内は有職主婦　**p ＜.01

に熱が入るのは当たり前かもしれません。

専業主婦でなくとも、子どもに「できるだけのことをしてやりたい」と思うのは親としてごく普通の考え方です。いつの時代でも、親はそう考えたに違いありません。それが今日の専業主婦で特に「できるだけのことをしてやりたい」という気持ちが負担感と結びつくのはどういうわけでしょうか。

それは街の中や広告を見回せば必ず目に入る、子ども関連の商売の隆盛と無縁ではないでしょう。親の服より高い子供服から知育玩具までさまざまな商品があふれ、入試の低年齢化とともに増加する塾や習い事、受験をしなくてもピアノ・バレエ・体操・スイミング・サッカー・英語と子どものためにやってやれる事はいまや膨大です。それらにはすべて、お金か時間、多くの場合その両方の投資が必要です。さらに周囲の子育て仲間がみんなやっている「できるだけのこと」であれば、それをやらないでいるのはかなりの不安や迷いがともなうでしょう。

さらに専業主婦の子育てがとても孤独な仕事であることが、子育ての負担感を大きくしています。性別分業が根強い我が国では、父親の育児参加は非常に少ないのが現実です（湯沢・前出、一九九五）。父親は、日曜日に子どもと遊んでくれることはあっても、困ったときに頼れる育児のパートナーではないのです。なにより平日は家にいないため、母親と子どもの日常をあまりよく知りません。母親が、公園で遊ぶ我が子を他の子どもと比べて、「うちの子は……」と不安や焦りを感じることはよくあります。その悩みを父親に相談して「気にすることはないよ」と言われても、公園に行ったことがない父親の言葉ではあまり当てになりません。子育ての責任は母親一人の肩にずっしりとのしかかってきます。「できるだけのこと」をしてやりたいと思えば、それはすべて母親がやってやるしかないのです。

こうして子ども産業は発展し、専業主婦の子育てはかなり負担が大きいものになっていきます。その結果、子育ての責任は母親にあると思うほど、子育てを楽しく思えなくなっていくのでしょう。子育てを一生懸命にやろうと思えばこそ退職して専業主婦になったことを考えると、かなり皮肉な結果に思えます。

一方、子育てに使える時間が限られている有職主婦にとっての「できるだけのこと」は限られています。子どもについてお稽古や体操教室を回ったり、小学校入試のために家でドリルを教えたりの時間はありません。それどころか有職主婦の子育てには、夫・祖父母・保母さん・ベビーシッターなどさまざまな人の手が必要です。母親との関わり以外のさまざまな経験や価値観が子どもを育てるのです。こうなってくると有職主婦の子育ては、自分の作品づくりではなく多くの人の共同作業になります。有職主婦の子育てにおける「できるだけのこと」も「母親の責任」も限定つきなのです。そのため、子育ての責任は母親にある、と思うことが必ずしも負担感にはつながらないのでしょう。

6　子育ての価値の変化

前に、子育ての価値をどれほど高く認めるかには個人差がある、と書きました。子育ての価値を高く認められないなどとんでもない母親だ、と思われそうですが、子どもや子育てに普遍的な価値があるわけではありません。母親を囲む社会環境の変化や、母親自身の価値観の変化によって、子どもや子育てをどれほど価値あることと考えるかも変わってきます。

図４-２は子どもにどのような価値を認めるかを、国別に比較したものです。われわれ日本人は、子どもに、家業の手伝いや家計の補助など経済的価値を期待することはなく、生きがいや楽しみといった精神的価値を期待します。しかし世界中どこでも子どもの価値は同じかというと、そうではありません。われわれと同じように精神的価値を高く認めるのは先進工業国の国々で、開発途上国では今もなお、子どもに労働力を期待します。農業や漁業のような第一次産業では、子どもも重要な労働の担い手となることができたし、またその労働力が必要とされたのです。しかし工業化社会になると、子どもは労働力とならないばかりか教育にお金がかかるようになります。そのような国では子どもの経済的価値はなくなる代わりに、精神的価値が高くなるのです。

同じ日本の中でも、時代により子どもの価値が変化するであろうことは容易に想像がつきます。今、少子化が問題になっていますが、我が国でもかつては子どもが四、五人いるのが普通でした。家制度があった頃には、子どもを多く産み育てることは家の継承や親自身の老後の安定というメリットにつながったの

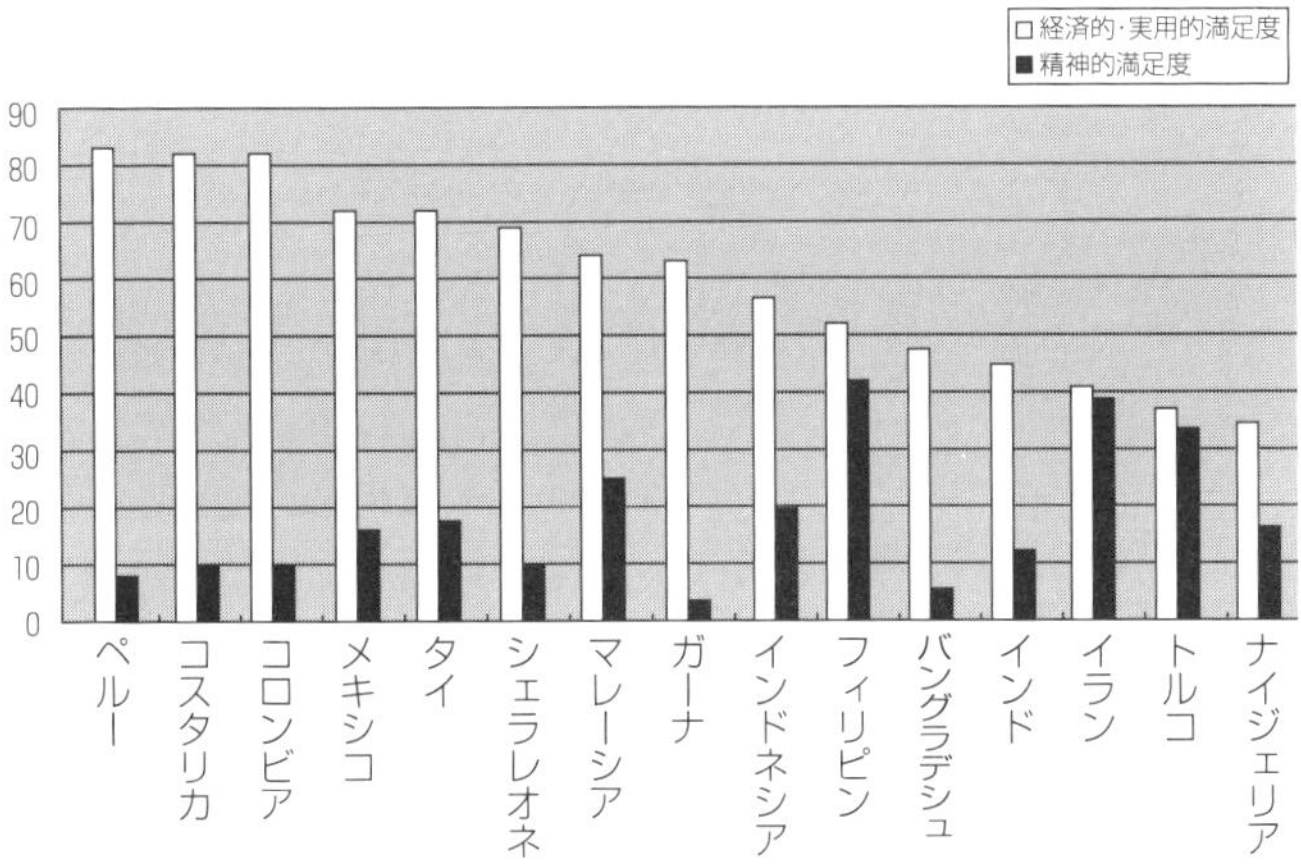

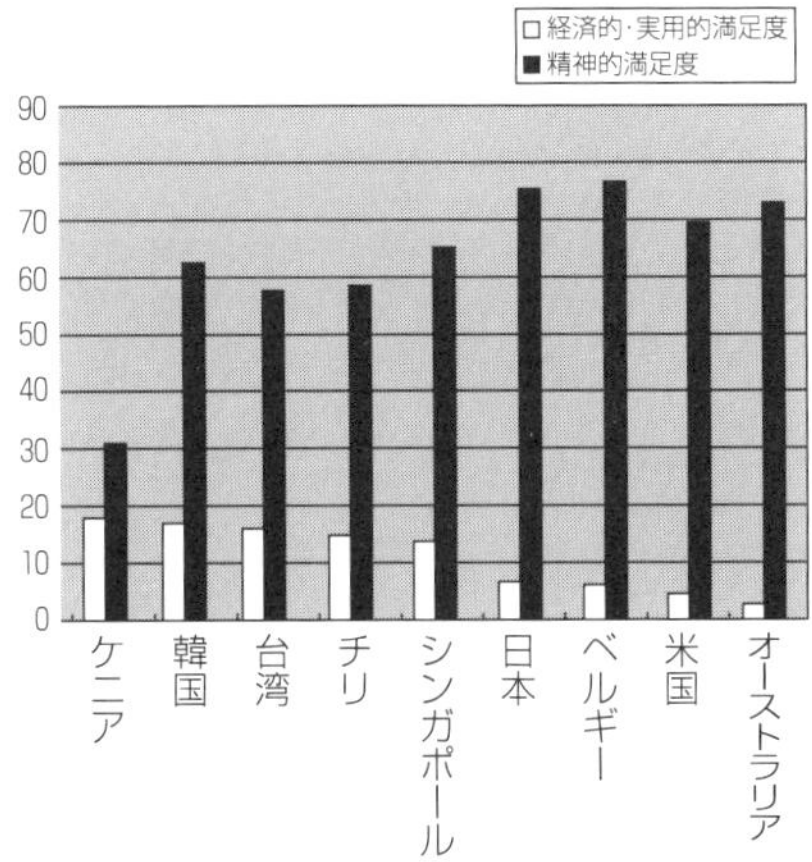

図 4-2　子どもの価値国際比較
（世界銀行，1984 より作成）

です。

では、子どもや子育ての価値は六〇代と四〇代の女性の間ではどのように変化しているのでしょうか。子どもにどのような価値を認めるかは、子どもを産むことを決めた理由に反映されていると考えられます。そこで第一子を産んだ理由の調査を行い、四〇代と六〇代で比較しました（図4-3）。その結果「子どもを産み育ててこそ一人前」「子

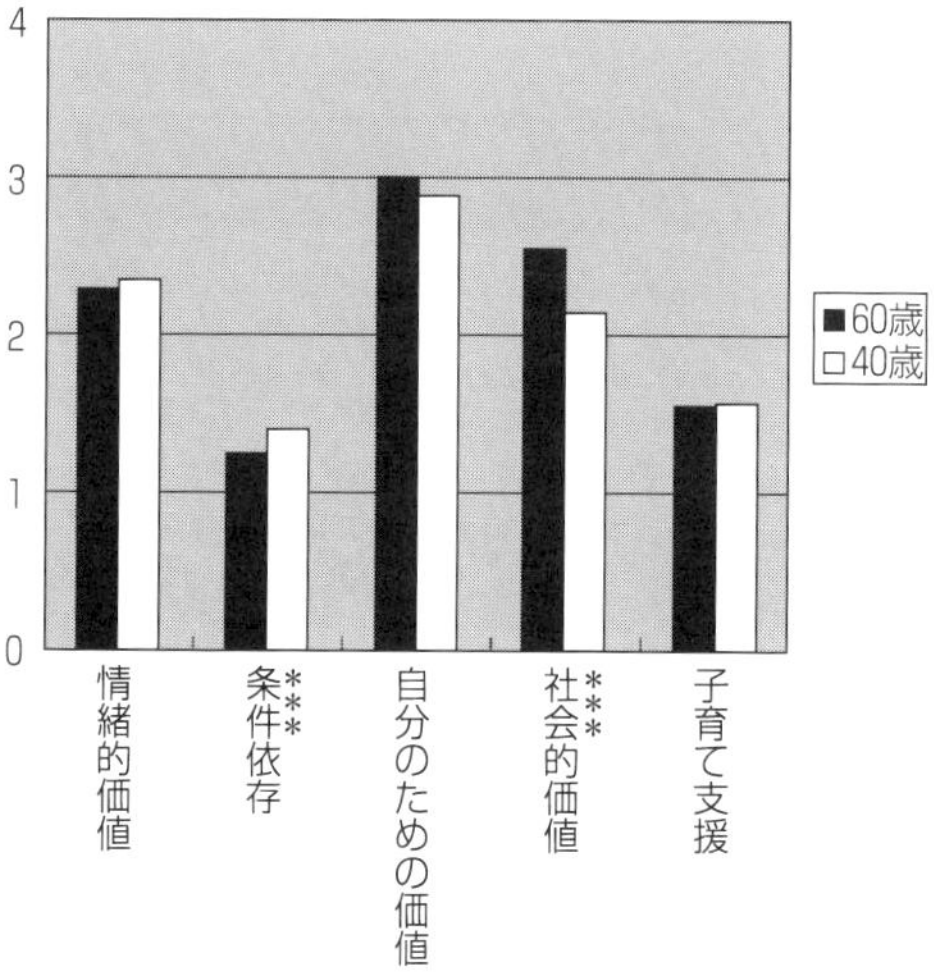

図 4-3　子どもの価値の世代差

（柏木・永久，1999 より作成）　***$p < .001$

どもは姓やお墓を継ぐために必要」「結婚したら子どもがいるのが普通」「子育ては生きがいになると思った」などの社会的価値は四〇代で格段に低まり、代わって「経済的ゆとりができたから」「自分の生活に区切りがついた」など、出産・子育てができる状況であるかについての自分自身の条件を考慮する傾向が強まっています。また、「出産・子育てを経験してみたかった」など子育てを女性ならではの一つの体験ととらえる傾向も高くなっていました。つまり出産・子育てのとらえ方が、女性としての務め・生きがいという生き方の中心的事柄から、経験・生き方の選択肢の一つへと変化してきているのです（柏木・永久、一九九九）。

　この変化は一見、子どもを産む理由が変化しただけのことに見えますが、実は女性の「自分さがし」と密接に関わる問題です。今とは違い家事・子育てが重労働だった頃、女性は結婚・出産・子育てをしていれば「十分に務めは果たした」「社会の役に立っている」「自分の持てる能力を充分に発揮して生きている」と思えたのです。

六〇代が出産期にあった頃、家制度はまだ心の中には存在し、子どもは姓やお墓の継承のため必要な存在でした。結婚・出産・子育ては女性にとって最優先の仕事で、女性は結婚・出産・子育てをしてはじめて一人前とみなされたのです。実際に家事・子育ては大変な仕事でした。洗濯機も電気釜も掃除機もなく家事すべてに時間と技術が必要とされ、経済状態も衛生状態も今とは格段に違うその時代に、しかも多くの場合家業も手伝うかたわら、子どもを一人前に育て上げる苦労は今とは比べものにならなかったでしょう。出産・子育ては社会的価値が高く認められる仕事で、女性は家事・子育てを通して自分の有能感や存在価値を感じることができたのです。

ところが今日、子育てをめぐる状況は変わりました。家制度は意識の上でも薄れ、後継ぎの必要性は低くなりました。子どもは「必要とされるもの」から「かわいがる対象」へと変化したのです。家電製品の普及は、家事を特別な能力がなくても誰にでも同じように出来る仕事へと変えました。さらに経済水準が上昇し、衣料品から食品まで手間をかけずに既製品を購入できるようになりました。今では離乳食さえ、さまざまな種類の既製品をスーパーで買うことができます。この家電製品と既製品の普及のおかげで、女性は自由な時間を手にすることになったのです。しかしこのことは女性にとって福音とばかりは言えません。誰にでも出来る家事・子育てでは、女性は自分の能力を充分に発揮して生きているとは感じられません。特に高学歴女性は、家事・子育て以外に自分らしさを発揮する場、自分の能力や経験を生かし、有能感を得られる「何か」を探さざるを得なくなったのです。

7 家族の個人化

家族の「個人化」という言葉は、今やその言葉なしの社会学の本はない、というほどさまざまな社会現象を説明するキーワードです。近年、未婚期間の延長や長寿命化、離死別による単身期間の延長など、一人で暮らす期間が人生に占める割合が大きくなっています。家族の「個人化」は、子どもも配偶者ももたないなど、一生のかなりの部分を家族に属さずに生きるようなライフコースが一般化し、その結果、社会の単位が家族から個人へと変化することを意味しています（たとえば目黒、一九八七・落合、一九九四）。

言い換えれば「個人化」は、家族が女性にとって、生涯その中で暮らしていける場でも運命共同体でもなくなったことを意味します。これまで女性と家族の関係は、生涯安心して頼れる固定的な集団で、女性はその集団の一部だと考えられてきました。女性は自分と家族を一体と思えばこそ、個としての欲求を抑えてでも家族を支える役割に徹することにメリットがあったのです。物質的、精神的両方の意味で家族のものを自分のものと考えることができる、家族からは決して見捨てられないと安心できる、などは、家族と自分が一体と思えばこそ得られるメリットです。固定的集団であればこそ老後も、いえ死後のお墓のことまで安心でした。ところが家族が固定的集団から流動的な一時的関係へと変化しつつある中で、女性にとっての家族の意味もまた大きく変化します。もはや自分を抑えて家族のために生きても、その家族はいつ解消されるかわからない、老後も子どもは当てにできない、自分のことを最後まで守ってくれるものではなくなりました。自分を抑えて家族のために生きることに、安心感というメリットはあまりなくなった

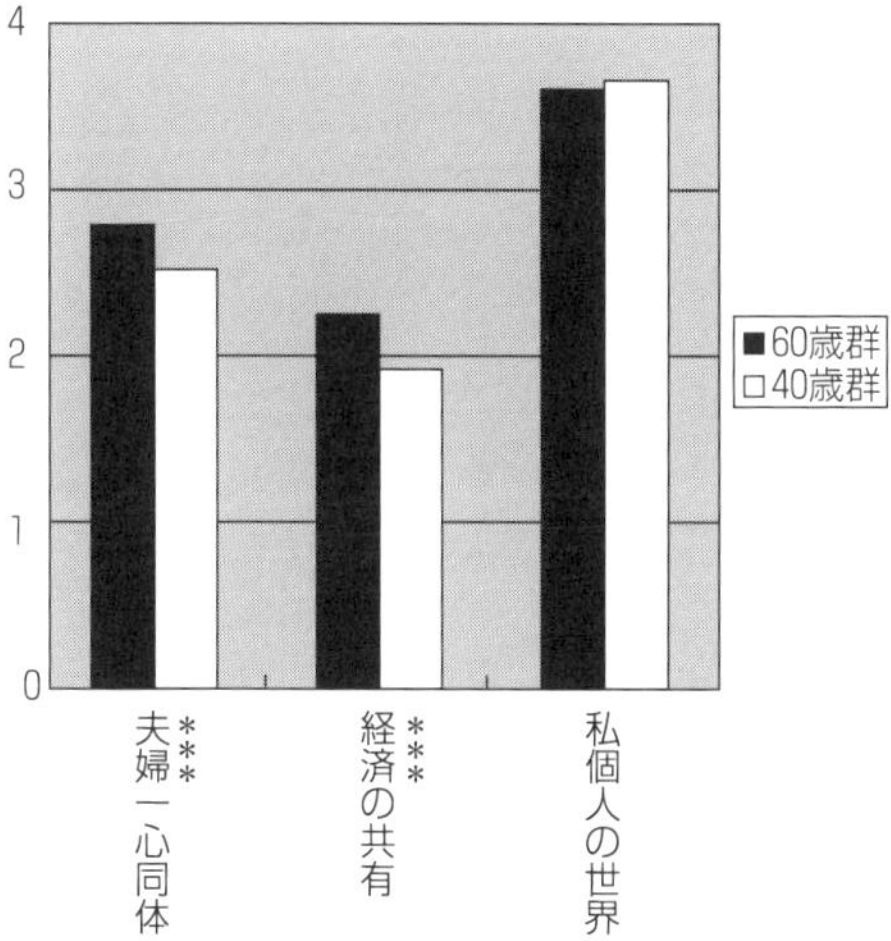

図 4-4　個人化の世代差
（柏木・永久，1999 より作成）　***p ＜.001

のです。

心理的側面での家族の個人化がどのように進みつつあるのかを、「家族の一体感」と「個としての自分を求める欲求の強さ」から見てみましょう。調査は首都圏在住の四〇代と六〇代の女性を対象にアンケートによって行いました（図 4-4）。「家族の一体感」とは、家族メンバー間の境界が弱く、家族を一つの単位だと考えることを意味します。この「家族の一体感」を、夫婦は一心同体・夫の喜びは私の喜び・言葉で言わなくても気持ちが伝わる、などの心理的一体感を求める「夫婦一心同体」と、物質的一体感を意味する「経済共有」の二領域からとらえることにしました。この二領域に、夫婦でも私は私、自分の世界をもつことは私にとって重要だなど、個としての自分を求める「私個人の世界」を加えた三領域の得点を四〇代と六〇代で比較しました。その結果、「私個人の世界」の得点はどちらの世代でも非常に高く、世代による変化は見られませんでした。

一方、家族の一体感を意味する「一心同体」「経済共有」は四〇代で大きく低下していました。

この結果から、個への欲求は女性の高学歴化や社会進出にかかわらず、以前からずっと高かったことがうかがわれます。では、家族の「個人化」とはどういった部分の変化なのでしょうか。私は二つの部分が変化しているのだと思います。一つ目は、家族を一体ととらえる傾向の弱まりです。「夫婦一心同体」「経済共有」が四〇代で低下している事実は、家族という集団を、メンバー間に心理的・経済的境界がない一つの単位としてではなく、一人ひとりが単位である個人の集まりととらえる傾向が強まっていることを意味しています。家族同士でも、私のものは私のものだし、お互いの気持ちは言葉で伝えなければわからない、と考える傾向が強まっているのです。二つ目は「個人の世界」に何を求めるかの変化です。女性が活躍できる場が広がった今日、女性が「個人の世界」に求めるものも多様になっています。趣味や友人との付き合いが「個人の世界」であれば、妻・母としての役割を果たしながら同時に個人の世界も大事にすることができました。しかし「個人の世界」が、職業上の成果をあげることであったり、ボランティアで中心的役割を担うことであったりすれば、妻・母役割をこれまでと同じようにこなすことは時間的にも体力的にも難しくなります。

個人化は家族のあり方だけでなく、女性が何を生きがいと感じるかにも関連します。自分と家族の心理的一体感が強かったときには、家族の喜びを自分への間接的評価ととらえ、自分の喜びとすることができました。自分が陰で家族を支えていたからこそ夫や子どもの成功があるのだ、と思うことができたのです。しかし自分と家族を一体とは思わなくなると、家族の喜びはもちろん嬉しいには違いないけれど、それだけではなく個人としての生きがいや達成感や評価も欲しい、と思うようになってくるのです。

心理的側面での「個人化」は、女性の自己主張やわがままが強くなったということではありません。家族の一体感が弱まり、女性が人生に求めるものが変化した。その結果、自分を抑えて家族を支える役割に女性が価値を見出せなくなった、ということではないでしょうか。

このような中で、高学歴専業主婦がなお子育てを生き方の中心に置きながら、自分自身の有能感や達成感や評価を得ようとするならば目指す方向は二つです。誰にでもできる普通の子育て以上の「自分ならではの作品としての子育て」を目指すか、ライフワークになる「何か」を探すか、です。前者を選んだ人の場合は、先ほどみたように子育ての負担感を強めています。そして後者を選んだ人の場合は、なかなか「ライフワークになる何か」「打ち込める何か」が見つからず、「自分さがし」の焦りが続くことになります。

8　シャドウ・ワークとしての専業主婦の焦燥感

「何か」が見つからないのはなぜなのでしょう。まず専業主婦が探している「何か」がどんなものかを考えてみましょう。今、専業主婦の憧れの的は、家事や趣味を極めて職業にした「料理研究家」や「収納アドバイザー」などという元専業主婦の女性だそうです。このことは専業主婦が考える理想の職業の条件を物語っています。その第一条件は「家事や育児に支障のない範囲」という枠の中でできることです。二番目の条件は、いままでやってきたことや、自分の能力を生かせることでしょう。これらの条件を満たすもので、「ライフワークになる」「打ち込めるような」何かを探しているのです。

しかし子どもがいる専業主婦の「家事や育児に支障のない範囲」の時間と経済はかなり中途半端で、その中でできることには限界があります（永久、一九九八）。生き方の中心である子育てに支障があっては元も子もない、子どもにはできるだけのことをしてやりたい、そしてその合間や残りでできることで打ち込める何かを探したい、というのはかなり難しい注文なのです。ボランティアでも趣味でも、打ち込むほどになれば時間もお金もかかります。パートの仕事も、家事・子育てに支障のない範囲と枠をはめれば、何年やっても蓄積するものがないような仕事にしか出会えません。結果的に専業主婦は「何か」を見つけられず、焦りや不安を感じているのです。

このように見てくると女性の「自分さがし」をめぐる葛藤は、自分を抑えて家族を支える生き方が女性に求められていることと密接に関わるといえるのではないでしょうか。「そんなことは昔の話だ」「今はもっと自由なはずだ」と思われますか。ごく一部の恵まれた人にはそうでしょう。でも多くの専業主婦にとっての自由は相変わらず「夫が快く認めてくれる範囲」で「子育てに支障がない範囲」の時間と経済なのではないでしょうか。

私が「自分さがし」にいろいろなことをやってみた末、結局大学院へ行くことにしたとき、そのことを知った友人の第一声の多くは「理解あるご主人ね」でした。大学院入学は、幼児を抱えた母親の「自由」の範囲を超えている、と思ったのでしょう。多くの既婚女性は、やりたいことを思いついても試してみる前に「そんなことできるはずはない」と諦めてしまう、あるいは初めから母親の「自由」の範囲からはみ出ないようにと考えるために、やりたいことを思いつくことすらできないのかもしれません。

母親の自由の範囲、それは誰が決めているのでしょう。子育てに専念するために専業主婦となった妻、そして子育ては当然専業主婦である妻の仕事と信じている夫、その夫の期待を感じれば感じるほど自分のことは後回しにして子育てをする妻…。夫婦の間で展開している、このようなシャドウ・ワークこそが、柔軟性のない「母親の自由の範囲」を決めているのではないでしょうか。

引用・参考文献

フラウ　一九九九年　六月八日号　講談社
堀内和美　一九九三　中年期女性が報告する自我同一性の変化：専業主婦、看護婦、小・中学校教師の比較　教育心理学研究、**四一**、一一-二二頁。
柏木惠子・永久ひさ子　一九九九　女性における子どもの価値――今、なぜ子を産むか――　教育心理学研究、**四七**、一七〇-一七九頁。
目黒依子　一九八七　『個人化する家族』　勁草書房
永久ひさ子　一九九五　専業主婦における子どもの位置と生活感情　母子研究一六号、五〇-五七頁。
永久ひさ子　一九九八　母親・主婦・妻であること　柏木惠子（編著）『結婚・家族の心理学』　ミネルヴァ書房　九九-一四八頁。
野々山久也・袖井孝子・篠崎正美（編著）一九九六　『いま家族に何が起こっているのか』　ミネルヴァ書房
岡本祐子　一九九四　人生の正午　岡本祐子・松下美知子（編著）『女性のためのライフサイクル心理学』　福村出版　一七七-二〇〇頁。
落合恵美子　一九九四　『二一世紀家族へ』　有斐閣
OZマガジン　一九九九年　あなたが選ぶ生き方　スターツ出版
ラ・セーヌ　一九九九年七月号　学習研究社

汐見稔幸　一九九六　『幼児教育産業と子育て』岩波書店
湯沢雍彦　一九九五　『図説家族問題の現在』ＮＨＫブックス

第５章　フランス人から見た日本の男女関係

第五章では、夫婦のコミュニケーションにおけるシャドウ・ワークについて、日本に住み、日本人を妻にもつフランス人の筆者が、自らの結婚生活談を交えて考察します。相手（夫）を中傷するきわめつけの言葉が「男らしくない」であるように、我が国の夫婦コミュニケーションには、男女の役割意識が相当浸透しています。また言葉さえ不必要となる一体感をよしとする価値観があります。このことが、夫婦を徐々に別々の現実に閉じこめ、相手の現実世界に対する無関心さを生むと、筆者はみています。

１　「らしさ」と言葉遣い

初めて日本に来たフランス人がすぐ気がつくのは、この国では男性と女性では従う論理が異なっているらしいということです。真っ先に教えられるのは、男性と女性では自分自身を指す言葉が違うことです。女性にとってはどんな場面でも「わたし」が決まり言葉なのに、男性がこの言葉を用いるのは丁寧な話し方をしたいときだというのです。これにはのっけから驚かされます。

また、微妙な態度の変化から、話し相手が異性であるかどうかを、ありありと感じ取ることができます。女性を前にした男性は、言葉少なく、力強い男を演じたがりますが、女性はといえば、男性を前にすると、同性同士の場合よりも臆病で内気な態度を装う傾向が強いようです。こうすることで、女性は話し相手である男性に対し、主導権は男性にあり、物事を判断したり、最終的な責任を引き受ける度胸があるのも男性だと印象づけているのです。つまり、安心を求める女性が頭をもたせ掛けることのできるたくましい方こそが、男性だというわけです。これは、西洋人にはそれなりの効果があるようで、彼らは知らず知らずのうちに日本の女性は「女らしい」という印象を抱くことになるのです。日本の若い女性が「カワイイ」をむやみに連発するのも、これと同じパターンです。彼女たちは、こうした言葉遣いで自分自身を子どもっぽく見せているのです。男性も「かわいい」と言うことがありますが、それは落ち着いた評価を行う口調であるのに対し、若い女性は、ちょうど、珍しいものを見つけた子どもと同じように、自分の感情にのめり込んでしまっていることが多いようです。

もちろん、日本で言われる「男らしさ」や「女らしさ」が個々の人間の性格と結びつくかたちは千差万別です。ただ、「男らしい」態度と「女らしい」態度の区別が歴然と存在していることは否めません。すでに、フランス語にはぴったりとした訳語のない「男らしい」「女らしい」という日本語自体から、そのことがうかがえます。フランスにも、男女の間では態度の違いがみられますが、日本とはまた別の線引きに従ったものであり、日本ほどはっきりした区別はありません。フランスでは理想的には、男性も女性も、男の子も女の子も、まず人間であるとみなされ、性別を強調するのは不当なことだと考えられています。これはあくまで理想的な立場であり、日常の現実においては、男の子に期待される態度と女の子に期待される態度には差があります。ただ大切な点は、日本では、男性と女性を別々の概念としてとらえることが当然だと考えられているのに対し、フランスではそうはなっていないということです。

2　考え方の衝突

国際結婚をしたカップルの日常のやりとりでは、お互いが子どもの頃から慣れ親しんできた物の見方が、決定的な影響力を備えていることが明らかになります。私は妻から「男らしくない」と言われたことが何度もあります。それは、私の態度が彼女を傷つけた場合で、彼女がとっさに思いついた「レッテル」としては、この言葉しかなかったのです。

たとえば、これまでにも、彼女には私が優柔不断で自分の考えに自信がないと映ることがありました。私に言わせれば、それは彼女と一緒に結論を出したいとの思いがあったからです。日本の方式に従えば、私があらかじめ自分の立場を吟味し、よく考慮した上で、自信をもって彼女に提案をしなければならないことになります。こうしていれば、異なった価値観と結びついた二人の考え方を照らし合わせることができたでしょう。一緒に暮らし始めた当初は、お互いの物の見方の違いにあまり気づいていなかった私たちは、お互いにがっかりすることが多くありました。私にとっては、妻は対等に話し合うことを拒んでいるように見え、彼女としては、相談する前によく考える努力を私が拒んでいると思えたのです。コミュニケーションの仕方の違いについてはまた後で述べることにしましょう。

これとは別の緊迫したシチュエーションは、友達同士の集まりです。フランス人同士のカップルにとっては、友人宅に一緒に出かけたり、自宅に招いたりするのはごく普通のことです。私の妻にとっては、こうしたシチュエーションは、フランスでも日本でも経験したことがあるものの、溶け込みにくいものでした。彼女が育った家庭環境では、馴染みの薄い状況だったのです。

この件に関しては、フランス人と日本人に共通の点があります。日仏どちらのシステムでも、夫婦が人前であまりにいちゃいちゃしていると、周囲の人間との関係を拒んでいると解釈されることです。たとえば、フランス人カップルは、友人たちの前では、絶えずキスしたり、手をつないだり、いつもからだを寄せ合うというような、二人きりの方がよいと思わせるような素振りは慎みます。これとは反対に、周囲の人間に重きを置いていない場合は、二人はさまざまな仕草で親密さを表現します。日本では「世間の目」がより厳しいとはいえ、基本的な違いはありません。一方、大きな違いがあるのは、フランス人カップルは、人前で議論したり、お互いを少しからかったりしても平気なことです。つまり、フランスの女性民族学者でアメリカ人と結婚し、アメリカに住んでいるレイモンド・キャロルの言い方を借りれば、兄妹（姉弟）関係に似た態度を示すことがあります。フランスでは、カップルの間柄を明らかにするものは、「私はどんな言説を自分自身に（相手に）許すか」です。調和のとれた関係を大切にするフランス人のカップルの間で意見の相違が明白になった場合は、お互いの態度を正すことが妨げられることはありません。だいたいは夫が妻の態度を正すのが普通ですが、女性の方が自信のある点に関しては、彼女がカップルの立場を代表して夫の間違いを指摘することもあります。これとは対照的に、アメリカ人は夫婦の間には意見の相違はあってはならないものと考え、配偶者に対し言葉を通じて積極的な支援を表現することを大切にしています。でなければ、周囲の人間がカップルの絆に疑いをもつことになるのです。また、アメリカ人のカップルは、仲むつまじい仕草で、二人の絆を表現します。こうしたアメリカ人カップルのイメージは、日本でもテレビや映画を通じてよく知られており、理想化されている節もあります。こうしたイメージは、自由な社会を連想させるものなのでしょうが、その背後にあるカップルの概念は、相補的な結びつきを通して夫婦関係が成り立つとされる日本式の考え方とはかけ離れたものである点は、見過ごされているようです。日本では、お互いの親近感を示す伝統的な方法は、性別に特有の役割や表現方法を採用することです。少し大げさに言えば、女性は無防備を装い、夫である男性は、彼女を守るためにいることを誇示します。日本人のカップルは、こういうかたちでお互いを必要としていることを表現するのです。私たち夫婦の生活体験に話を戻せば、妻は、私の態度を、夫に期待されるのとはほど遠い「煮え切らない」態度だと感じて、ショックを受けることが多かったようです。私に言わせれば、これは男であるか女であるかとはなんの関わりもないことなのですが。

3　対称性と相補性

私たちの結婚生活が長くなるにつれ、お互いの不満の多くは、文化的な習慣の違いに関連していることが明らかになってきました。ちょうどこうした時期に、私たちの理解の助けとなる数冊の書物に出会う機会に恵まれました。そのうちの一冊は、レイモンド・キャロルの著書で、フランス人とアメリカ人の考え方やコミュニケーションの仕方の違いが、極端な単純化を避けながらも、明瞭かつ具体的に記述されており、文化に関する著作には珍しく、そのまま実生活に応用することができます。もう一冊は、グレゴリー・ベイトソンの『精神の生態学』で、抽象的ではありますが、人間関係を理解する上できわめて説得力のある概念が紹介されています。つまり、相補性・対称性の概念です。

ベイトソンの定義では、対称的な関係とは、パートナーの一人がAという態度をとると、もう一人も同じくAという態度をとるような関係です。たとえば、同じ野心をもった二人の若い男性はライバル化する傾向があり、彼らのライバル意識は、厳密に対称的なものであればエスカレートする一方となります。対称的な関係を安定させるためには、時には二人が相補的な態度をとる必要があります。つまり、Aという態度にBという態度を対置させることです。相補的関係の原形ともいえるのが親子関係です。親は子どもを保護し、その代わりに子は親のリーダーシップを認めています。私たち夫婦の考え方の違いを定義するため、妻と私は、日本における男女関係はフランスの場合よりも相補性が強いと考えてみることにしました。男女関係は基本的に相補的なものですが、文化によってその程度には差があります。フランスでは、夫と妻の関係はお互いを対等と認め、お互いの意志を伝えあう個人と個人の関係です。日本では、むしろ夫婦は一心同体だとイメージされています。つまり、「私のパートナーは、私たち二人がかたちづくるものの片割れである」という考え方です。したがって、私は相手の気持ちを徹底的に理解するために相手の立場に立とうとし、その結果、言葉を交わす必要さえなくなってしまうのです。これはもちろん、理想化されたイメージであり、現実は個々のカップルやその共同生活の時期によって異なります。しかし、こうした観点から日仏間の文化的差異をとらえようとするのは、全般としてかなり現実に添ったものだと思えます。また、それぞれの国の男性像や女性像との結びつきも簡単に理解することができます。フランスに比べ日本で色濃くみられる男女間の相補性は、男女は別々の論理に従うものだという基本的な考え方に立脚したものなのです。

相補性・対称性の概念のさしあたってのメリットは、私たち夫婦に、日仏それぞれの方式の長所と短所を理解させてくれたことです。これは、暖房方式の違いにたとえることができます。日本では昔から、石油ストーブやこたつなどの個別暖房が好まれています。その究極はお風呂です。したがって、熱源の近くにいる時は暑いくらいでも、他の部屋へ行くために遠ざかると寒くなります。また、部屋を換気するためにかなり頻繁に窓を開ける必要があり、これを忘れると頭がくらくらしてしまいます。これに少し似ているのが日本における親密な人間関係であり、とくに夫婦関係です。日本では、夫婦は一体性を象徴するものです。つまり、強い熱であり、くつろぎを約束してくれるものです。したがって、親しい間柄ではあるが夫婦という円の外にいる人間との接し方には大きな違いが感じられます。フランスでは、セントラルヒーティングが好まれており、温度はさほど高くはありませんが、家全体が均等に暖められています。おもしろいことに、フランス人は日本式で暖房された家を寒いと感じ、日本人はフランス式で暖房された家を寒いと感じています。ここで大切な点は、日本人もフランス人も寒いのは好まないことです。ただ、寒さを解消するために慣れている方法が違うだけのことです。

4　子育てと仕事

子どもができると、私たち夫婦も子育てと仕事という現実問題に面と向かうことになりました。私も、子育てが夫婦の生活において重要な段階であることを自覚しました。それは、どんな方法にせよ、大きな努力が必要とされているからです。日本ではよく知られているとおり、伝統的な図式は非常に相補性の強いものです。つまり、男性は仕事、女性は子育てとなっています。しかし、フランスでもこうした役割分担をしている家庭はたくさんあり、アンケート調査によれば、フランス人の四分の三は、子どもが生まれたら母親は仕事をやめるかパートタイムに切り替えるべきだと考えています。つまり、子どもの面倒をみるのは母親だと考えられているのです。日仏で違いがあるとすれば、それは日常の暮らしの中で物事がどう進められているかです。

子育ては、日本の方が大きな努力を強いられます。小さな子どもは純粋無垢な存在だと考えられています。子どもは何もわからないからです。だからこそ、子どもはできるだけ早く大人の世界の規則を学び取り、一人立ちできるようにならなければいけないと考えるのがフランス式ですが、日本の考え方では、子どもは大切に育てるものであり、人生のスタート時点をできるかぎり温かな環境に包まれて過ごせるよう、親の方が子どもの世界に身を合わせなければならないとされています。これには絶えず注意を欠かさず、スキンシップを繰り返し、寛大な心をもつことが求められます。日本の考え方には非常に積極的な側面もあり、私もこれに従うほかありませんでした。というのも、自分の子どもにはできる限りのことをしてやりたいという気持ちがあるからです。「子どものためになるかもしれないことを、拒むことができるだろうか」という問を前にすれば、答えはノーです。ただ気になるのは、この論法には際限がないことです。一日二四時間（日本では寝る時も一緒の）子どもに注意を集中していれば疲れ果ててしまいますが、日本にははけ口がありません。フランス人は、良い親であり続けるためには、ときどき息抜きが必要だと考えています。そこで、フランス人は、夫婦で外出する時に子どもをベビーシッターに預けることがあります。他方、日本では、子どもの幸せを第一とする立場から、親ほどには子どもの気持ちを理解することのできない第三者に子どもを預けることは、好ましいことではないと考えられています。こうした考え方は、保育所に関しても当てはまります。日本では、子どもを保育所に入れないことが立派なことだとみなされています。それは、「母親以上に子どもの面倒をみることのできる人間はいない」からにほかなりません。

子ども中心に動けば動くほど、両親はそれぞれの役割を専門化することになり、相補的な機能を果たすようになります。唯一最大の目的に向かって両親は力を合わせ、夫婦はお互いが相手よりも得意とする分野を担当することになります。日本の若い女性たちは夫婦で家事を分担することを理想としていますが、これはまだはかない望みだと思えます。なぜなら、本来母親の役割とみなされていることを果たさない女性を罪悪視する傾向がいまだ根強く残っているからです。周囲の人間の多くが、彼女たちが子どもの頃から教え込まれてきた考え方をさらにたたき込むのです。その筆頭ともいえるのは、日本における母性に関する優れた研究の中でミュリエル・ジョリヴェが説明しているとおり、小児科医です。また、若い世代の日本人は、今までになく「魅力的であること」を大切にしていますが、子どもが生まれると、母親はめかしこむ必要はないと考えてしまう傾向も残っています。なぜなら、それは子どもにとってはどうでもよい事だからです。魅力的な女性であり続けようとするのは、エゴイズムだとみなされています。そして、夫婦がお互いに魅力的であることを大切だと考えていると、日本のシステムでは、子どもを犠牲にした夫婦のエゴイズムだと解釈されることになります。盛り場を散策する若い日本人を見ると、ファッションに関心が高く、明らかに多くのお金と時間をつぎ込んでいますが、それは仕事や家庭といった「まじめ」な生活に入る前に「時間の許すかぎり、自由を満喫したい」という気持ちの表われではないかと思えます。フランスの一般的な考え方では、夫婦が良き両親であるためには、とくに身体で表現される魅力を通じての、豊かな関係を築いておく必要があります。なぜなら、自分が満足していなければ良き親ではありえないからです。私には、日本の子育てには自己犠牲が強いられていると思えます。

私たち夫婦の場合、長女は一歳のときから保育所に通っています。これは娘にとってはとても有意義な経験です。なぜなら、多くの子どもや大人たちと接する機会に恵まれているからです。娘が保育所に通っていなかったら、私の妻と娘は一日中顔を突き合わせることになっていたでしょう。現代の都市生活は、仕事をもたない人間には社会的なふれあいの場を与えてくれません。子どもを連れて公園に出かけると「専業主婦」をたくさん見かけますが、そのとき私が思い浮かべるのはイタチごっこのイメージです。つまり、両親の役割分担がはっきりしているほど子ども中心の傾向が強まり、その逆もまた真だということです。着こなしや身の振る舞い方、子どもと一メートル以上離れない態度などから、根っからのお母さんとわかる女性をよく見かけます。彼女たちの努力は、家庭の収入を増やすため、社会の重圧に耐えながら仕事に専念している夫たちの努力を裏写しにしたものです。二つの世界は、否応なく分離されています。一方が自分の持ち場で努力をすればするほど、もう一方としても自分の持ち場で同じようにするほかなくなるのです。

5　コミュニケーションのスタイル

私たち夫婦もときどき口げんかをすることがありますが、それはたとえば、私があまり手伝ってくれないと妻が感じた時などです。私の言い分はこうです。「手伝おうかって聞いたら、大丈夫だからいいわと言ったじゃないか」。こう言うと、彼女はすっかり腹を立ててしまいます。妻は、いつ手伝いが必要かは私の方が察して当然だと考えているのです。私はといえば、彼女が意思表示をしてくれなかったことに気を悪くしてしまいます。

日本について語る場合、「思いやり」の大切さがうんぬんされます。確かに私の経験でも、これは多くのことを説明してくれます。日本と西洋における言葉の位置づけに関し、間違った結論が引きだされることがありますが、それは意見の表現と、日常の交渉事である要求の表現とを取り違えていることが多いからです。人々がどのように話し合い、意見を述べるかの問題は興味深いテーマですが、ここでは紙面も限られているため取り上げません。ただ、私は、日本人は「内気」で、「奥ゆかしい」とする俗説を支持するものではありません。これは個々の性格の問題であり、真の文化的差異はこうしたレベルではなく、表現方法に関わる問題だからです。

夫婦の一方が他方の手助けを必要とする場合、日本で理想的なかたちとされているのは、言葉で要求しなくても済むことだと思えます。私を大切に思ってくれているなら、私の気持ちを察してくれるのが当然だという考え方です。こうした考え方は、幼年期に学習されるものです。母親は子どもが泣きだすやいなや駆けつけ、何が問題なのかを知ろうとします。「お腹が空いたの？　のどが渇いたの？　暑すぎるの？」母親が期待してるのは、子どもがうなずいてくれることだけです。

欧米では、自分が欲しいものを手に入れるために言葉を使いこなすことが、社会生活における重要な能力だと考えられています。ただ、一般論としてはそのとおりですが、たとえばフランスとアメリカでは表現方法に大きな差があり、フランス人とアメリカ人が接触するとかなり強烈なカルチャーショックが生じることもあります。たとえば、フランス人は、受け入れられるにせよ断られるにせよ、ちょっとした好意を他人に申し出ることがよくあります。アメリカ人に比べると、フランス人の方が人の心をおもんぱかる傾向があります。レイモンド・キャロルの説明によると、アメリカでは、友人が悩み事を抱えているのを心配してその子どもを預かろうと申し出ることは、プライバシーの侵害だと見なされます。アメリカ人は、何か必要がある場合は自分から頼むことを好み、頼まれた相手ははっきりとイエスかノーで答えます。ある意味では、相手の気持ちを察して好意を示すというフランス式の習慣は、相手の立場に立つという点で日本のスタイルに近いものと思えます。しかし、普通、相手にたずねることもなく行動に移ることはありません。なぜなら、察したことが必ずしも相手の意向に添わないこともあるからです。

日本ではこれは通用しません。私の妻にとっては物事ははっきりしています。彼女が何をして欲しいかを私が察し、それに応える気持ちがあるのならば、私は言われるまでもなくやるべきことをやるであろうし、そうでなければ、私には彼女を手伝う意志がないということになるのです。こうした場合、私は自分を正当化することが難しくなります。それは、日本式の論理で判断されれば、私は十分に妻の気持ちを察しておらず、状況を徹底的に分析する努力を怠っていたことになるからです。この論法は、私にとっては日本文化の感嘆すべき側面でもあります。日本人はその場の状況を充分に考慮し、責任を引き受けます。しかし、これが重荷となることもあります。日本人はなにか問題に直面した場合、パートナーができる限りのことをしてくれることを期待しますが、自分から要求することは差し控えます。したがって、相手に話をすることが難しくなります。悩み事を打ち明ければ、相手は今まで以上に努力をしようとするからです。

フランスでは、誰もが互いに心を開きあいながらも、まず自分自身のことを第一に考えていれば、誰もが満足していられるという共通認識があります。たとえば、私が申し出たことが、必ずしも妻の希望には添わないことがあります。もっとよく考えていたならば、私は彼女が何を望んでいるかを言い当てることもできたのかもしれませんが、私のフランス式の論理では、そこまでの努力をしようとは思いません。私の申し出が気に入らなければ、彼女の方が断ってしかるべきだからです。あるいは、「洗い物はいいから、赤ちゃんの面倒を見てくれるかしら」と、別のことを頼むこともできます。私には妻が何を望んでいるかを察することはできないまでも、頼み事があれば妻の方から言ってくれるものと期待しています。そうしてくれれば、私に対する信頼の表われだと感じることができます。つまり、頼まれるということは、私には妻の願いに耳を貸す用意があることの証にほかならないからです。

私のフランス人としての観点からすると、日本式のコミュニケーションは、夫婦を徐々に別々の現実に閉じ込めてしまう傾向があります。自分が抱えている問題を相手に打ち明けることは、間接的に相手の助けを求めることになります。したがって、我慢し、相手に自分の手のうちを明かさないようにします。そして、相手もこれと同じ態度をとることになります。その結果、二つの影響が生じます。一つは、会話の手間が次第になくなっていくことです。もう一つは、配偶者の同僚や友人は完全な部外者とみなされ、たとえ機会があっても、会おうとしなくなることです。子どもに関することを除けば夫婦共通の人付き合いが存在しない日本とは反対に、フランスでは、友人を自宅に招く習慣があります。また、フランス人は、夫婦二人きりのときでも、議論したり、お互いに対等の立場で相手の世界に足を踏み入れることがあります。つまり、良しにつけ悪しきにつけ、日本よりも対称性のある関係が築かれてます。

こうした関係は、若い日本人の間でも広まりつつあるのかもしれませんが、やはり既存の価値観が根強く残っていることを考えると、私には疑問に思えます。日本では、誰かを大切に思い、愛すれば愛するほど、言葉を発する前に相手の立場を突き詰めて考えようとします。私が妻に現実離れしたことを提案すれば、彼女はこれを断り、「からかわれた」と感じることになるでしょう。日本式の論理は、強い倫理観に裏打ちされています。これには多くの長所もありますが、欠点の一つは、悩み事を一人で解消しようとする傾向につながることです。フランス人から見ると、これは夫婦の間柄としては少し「さびしい」のではないかと思えます。

生活習慣は、それぞれの国民に特有のものであり、その拠り所となっています。たとえば、「申し出る・受入れる（あるいは、断る）」というフランス式の習慣は、先にも述べたとおり、もっと直接的に頼むことが望ましいと考えられているアメリカでは、いやな目で見られることになるでしょう。フランス人はといえば、アメリカの習慣は「低俗な契約主義」だとみなす傾向があります。「夫婦の間でさえ、何もかもが交渉次第」と考えられるからです。アメリカ人にとっては、これはむしろ信頼の表われとされています。つまり、「私はパートナーにどんなことでも頼めるし、相手はできるできないに応じて答えを出してくれる」のだから、これほど明快なことはないと考えられているのです。

6　社会の変化　――家庭と職場のはざまで――

結論に代えて、より一般的な観点からみると、現在の日本の社会においては、若いカップルたちは従来の仕組みとは相容れない夢を抱いているように思えます。既存の仕組みに組み込まれた若いカップルは、これを受け入れるか変革するかの選択を迫られています。

核家族に関していえば、大都市に住むカップルはますます孤立していく傾向にあります。その上に、女の世界と男の世界が分離されています。こうした状況においては、重苦しい社会の変化との釣合いをとるために、夫婦の間柄に少し対称性を導入する必要があるように思えます。それは、お互いのコンタクトを失わないためであり、お互いに高め合い、ともに成熟するためです。日本の男女の多くが、従来からの論理に従っています。彼らには、アンヌ・ガリグが指摘しているように、現実的な生き方の手本となる人間が身近にはほとんどいないのです。とはいえ、日本にはまったく手本となる人間が存在しない訳ではありません。ただ、そうした人間とのふれあいを求め、感化されるためには、それなりの努力が必要となるのです。私の身の回りにいる人たちで円満な家庭生活を築いていると思えるのは、現実を見据えた生き方を選択し、これにともなうさまざまな恩恵を受けている人たちです。選択というのは、まず（母親が仕事をもっている場合は）子どもが生後六ヵ月になったら、（もっていない場合は）一歳になったら、保育所に預けることです。妻も働くことで、対等の立場で、同じ制約に直面する二人の人間の間で交流が生まれることになります。たとえば、二人は、保育所への送り迎えを交代でしなければなくなります。夫は、これによって子どもの世界とふれあうことができ、妻と同じ体験を共有することにより、妻の立場を理解することができます。私の娘が通っている保育園は、保護者たちにしても、一歳児から六歳児までの面倒をみている先生たちにしても、進んだ考え方の持ち主が集まっており、この一、二年前からは若い男性の先生も加わっています。

社会には、これとは正反対の方向に向かうグループに属する人たちも存在しています。それは、自分たちの憧れや社会の現実に背を向けた、時代遅れの態度を取り続けているカップルたちです。硬直した図式に基づいた、息のつまる関係に閉じこもった彼らは、両極端の間を揺れ動いています。一方で彼らは、厳密に区分けされ各自の持ち場を守ることで、夫婦というシステムに同化しようとしています。この種のカップルから思い浮かぶのは、言葉さえ不必要となる融合のイメージです。なぜなら、「愛する人間を思うほど、何をなすべきかがわかる」からです。この一体感への強い願望と対をなしているのが、相手の世界に対する無関心さで、これは月日が経つにつれ、夫婦とは単に生活のための方便にすぎないという、ぬぐい去りがたい印象を生みだすことになります。つまり、夫婦の気持ちが通じ合っていないのです。

大切なのは、関係の性質ではありません（日本における男女関係は、これからも相補的なものにとどまり、その独自の価値を保つことになり、これと同様に、フランス、アメリカやイタリアにおける男女関係もその独自性を変えることはありません）。関係の柔軟性こそが大切なのです。相補的な関係に少し対称性を導入することは、ベイトソンが指摘しているように、きわめて大きな効果があります。

家庭における変化と職場における変化には関連性があります。仕事上の関係は、何がしかの対称性をともなうものです。だからといって、仕事における男女関係は「西洋的」方式に従うほかないというわけではありません。もともとそんなものは存在しないのですから。アンヌ・ガリグは、まさに日本的ともいえる方法で「女らしさ」を発揮しながら、仕事の世界で成功した女性たちに出会っています。つまり、仕事の世界は、より柔軟性のある方向に向かっているのです。キャリアか家庭生活か、あるいはパートタイムか、何に情熱を注ぐかを女性は選ぶ自由があるのです。夫婦間での意志疎通が図られている人たちは、そうではない人たちとはまったく異なった方法で、仕事の世界における男女共存を受け入れています。こうした人たちは、社会生活において、異性とより対称性のある関係を結ぶことができます。そして、その異性の現実をかいま見ることができ、対等な付き合いをすることに慣れています。反対に、職場における男女共存を拒否しているのは、こうした関係を経験したことがないために、男女間で生まれうる共働など思いもよらない人たちです。社会の変化を全体的に検討してみると、前者のグループに属している人たちは、現在のところ少数派でしかないようです。

（訳　原口研治）

引用・参考文献

ベイトソン、グレゴリー　一九九九『精神の生態学』思索社

Carroll, Raymonde　1987　*Evidences invisibles*. Seuil.（*Cultural misunderstandings. The French-American experience*, University of Chicago Press）.

Garrigue, Anne　1998　*Japonaises, la révolution douce*. Philippe Picquier.（二〇〇〇年に草思社より日本語訳刊行予定）

Ma, Karen　1996　*The modern Madame Butterfly*. Charles E. Tuttle

ミュリエル、ジョリヴェ　一九九七『子ども不足に悩む国、ニッポン』大和書房

第6章　ドメスティック・バイオレンス（夫から妻への暴力）

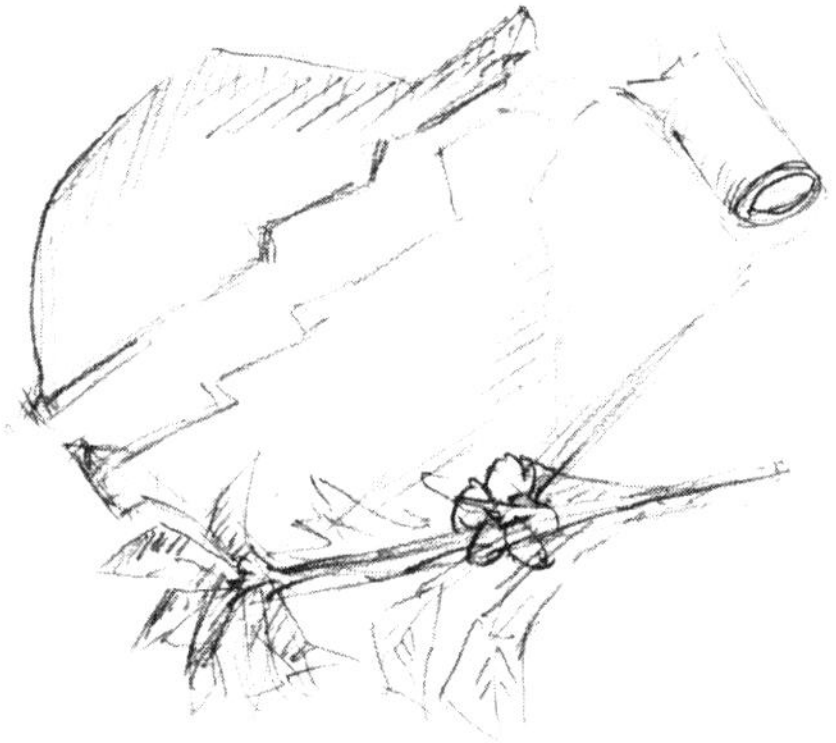

第六章は、ドメスティック・バイオレンス（DV、夫婦間暴力）について書かれています。DVは今でこそ「社会問題」化されつつありますが、これまでは、まさにシャドウな現象でした。暴力の原因は、決して夫の攻撃的性格などに帰せられるものではありません。一つには経済力の夫婦間不均衡があげられます。そして驚くことに、妻自身の中にも、暴力を耐えることが自分を支えている、という「共依存」とよばれる妙な心理があるのです。しかし、DVの被害者たちが声をあげていけば、社会のしくみについての再考を促すことや、社会を変える可能性も、十分考えられるのです。

1　日常に潜む暴力

妻をなぐったことのある夫は、どのくらいいるのでしょうか。結婚した女性を対象とした、ある調査によれば、全体の四一％という驚くべき結果があります。悲劇はごく普通の家庭から起こっているのです。家庭裁判所の報告によると、女性からの離婚調停の申し立て理由の上位に常に夫からの暴力があげられており、夫婦間暴力が、家庭生活の土台を揺るがし、やがては崩壊に導く主要な要因であることを示しています。

一方、法医学者の報告では国内において、実に年間一〇〇人以上の女性が家庭の中で夫によって殺されていることがわかっています。暴力は暴力だけにとどまらず、ときにはその延長線上にある死へとつながってしまう危険性をともないます。それだけに、重大かつ深刻な社会問題であるといえます。

では、なぜ、夫は妻に暴力をふるうのでしょうか。なぜ、もっとも身近で、親密な関係であるはずの夫婦間においてこのようなことが起こるのでしょうか。

本章では、まず、経済要因に焦点をあて、家庭における暴力の実態にふれながら、その背景にある力による夫婦間の支配関係を読み取りたいと思います。次に、夫と妻の心理的要因、特に、性役割意識と共依存というキーワードに焦点を当て、なぜ暴力が発生するのか、あるいはまた、暴力を家庭内に閉じ込め、これまで社会問題とはならなかった原因がどこにあるのか、を考えてみましょう。さらに、そのことを手がかりに、一見、男女間の個人的な問題であると思われる暴力が、反対に、社会に影響をおよぼしていることを考えてみましょう。

2　暴力とは何か？――ドメスティック・バイオレンスをめぐるこれまでの動き

ドメスティック・バイオレンス（domestic violence）とは、「夫婦（恋人）間暴力」のような、パートナーから受ける暴力をいい、広い意味では、女性や子ども、高齢者や障害者など、家庭内の弱者への「家庭内暴力」を指します。ただし、ここでは夫婦（恋人間）に限定した意味でドメスティック・バイオレンス（DV）という言葉を用います。なぜなら、家庭内暴力という言葉からは、親子間の暴力が想定されることがあるからです。DVという場合、たとえば、なぐる、蹴るといった身体的暴力だけでなく、固定的な性役割意識が背景となって、「誰が食わせてやっているんだ」というような言葉による暴力や、友人と会うのを制限するというような精神的苦痛も暴力にあたると考えます。暴力がこれだけわたしたちの生活に浸透しているにもかかわらず、それが近年まで社会問題として表面には現われてこないまま、個人的な家庭内の問題として見過ごされてきたというところにこの問題の根深さがあるようです。

日本では、長きにわたり、夫婦間で夫が妻に手をあげたり、ひどい言葉で罵ったりすることがあっても、「度の過ぎた夫婦喧嘩」「家庭内のもめごと」ぐらいに軽く受けとめられてきました。当事者にとっては命の危険さえともなうような出来事であっても我慢し、それを口にすることすら勇気がいるというのが実情でした。それが、ドメスティック・バイオレンス（DV）であり、女性への暴力として大きな人権問題であるとの認識が高まってきたのは、一九九五年の北京での第四回世界女性会議がきっかけでした。これを受けて、一九九九年、総理府の発刊した男女共同参画白書では、女性に対する暴力を、「女性の基本的人権の享受をさまたげ、自由を制約し、被害を受けた女性や社会に対してあらゆる面で深刻な影響をおよぼすものである」と明確に位置づけています。その後、政府や地方自治体でも男女共生社会へ向けて女性問題解決への積極的取り組みがなされてきました。

その一方で、新聞や雑誌、テレビなどマスコミでタレントのDV体験に端を発する離婚裁判などが大きく取り上げられ、少しずつDVについての関心が高まっているようです。

3　なぜ暴力は起こるのか？（DVの原因）

(1)暴力と経済力との関係

下記の図6-1は、博報堂生活研究所『90年代家族』の調査の結果です。

図は、夫の収入別に妻をなぐった経験を示しています。これを見ると、年収四〇〇万未満で四二％、四〇〇万円から五〇〇万円の夫婦で三五・三％であるのに対して、五〇〇万円から七〇〇万円の夫婦は四五・二％、一〇〇〇万円以上の場合は何と四六・五％の人が妻をなぐっているのです。収入が高いほどなぐった経験が多いということの数字から（四〇〇万未満を除いて）、家庭の中に潜む、歴然とした夫と妻の力関係が見えてくるようです。特筆すべきは、暴力が、学歴、職業、年齢差を問わず家庭内に深く巣食っているという点です。また年収が四〇〇万円未満の家庭では夫婦喧嘩を時々する割合と夫が妻に暴力をふるう割合とに対応が見られるのですが、年収が上るほどその対応が見られません。つまり、年収が多い夫

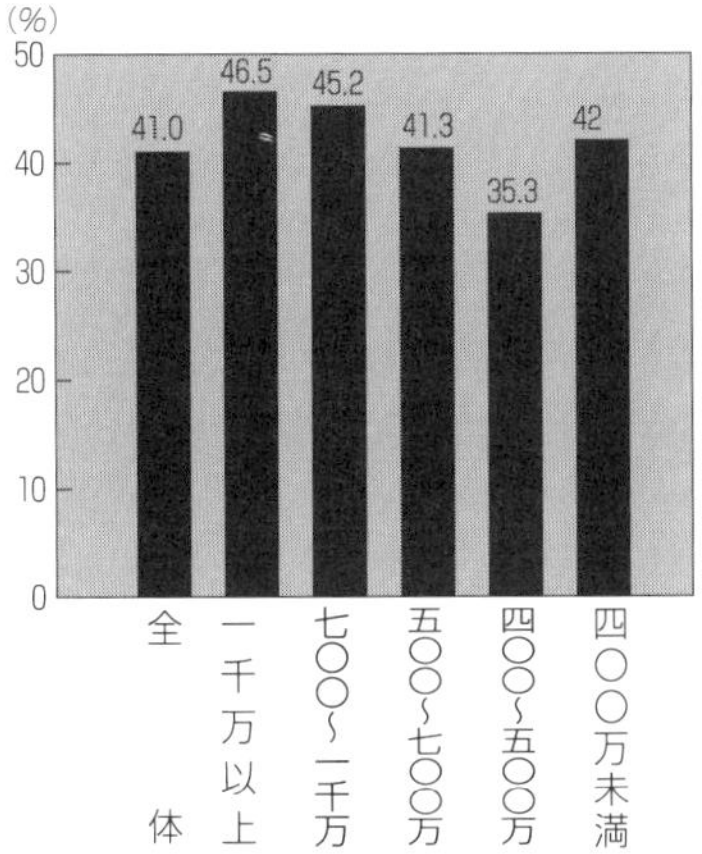

図 6-1　夫の収入力と妻への暴力の実態

婦間では喧嘩を介在しない暴力が家庭内でふるわれていることを示しています。この結果からも、経済力に起因した暴力が読み取れます。

一九九八年に実施された家庭における暴力と人権の実態調査（ふくおかＣＡＰ）では、暴力の頻度を心理的、身体的、性的暴力の三種類に分けてたずねています（図６-２参照）。

その結果、「夫から妻へ」の暴力で一度でもあった行為では、「何を言っても無視する」「妻に怒りを抱いているとき子どもにあたる」「妻の外出や電話を細かくチェックする」が多かったのです。一度でもあった暴力の比率を見ると、「無視する」（心理的）、「意に反した性行為」（性的）、「妻に怒りを抱いているとき子どもにあたる」（心理的）の順に高いようです。また、妻が「行き過ぎだと感じた（夫の）行為」の上位には「殴ったり蹴ったりする」（身体的）、「意に反する性行為」（性的）が占めています。これを妻の就業形態別にみると、専業主婦や自営業など家で働いている妻の方が他のパートタイムやフルタイムの妻よりも身体的暴力を受けていることが明らかとなりました。

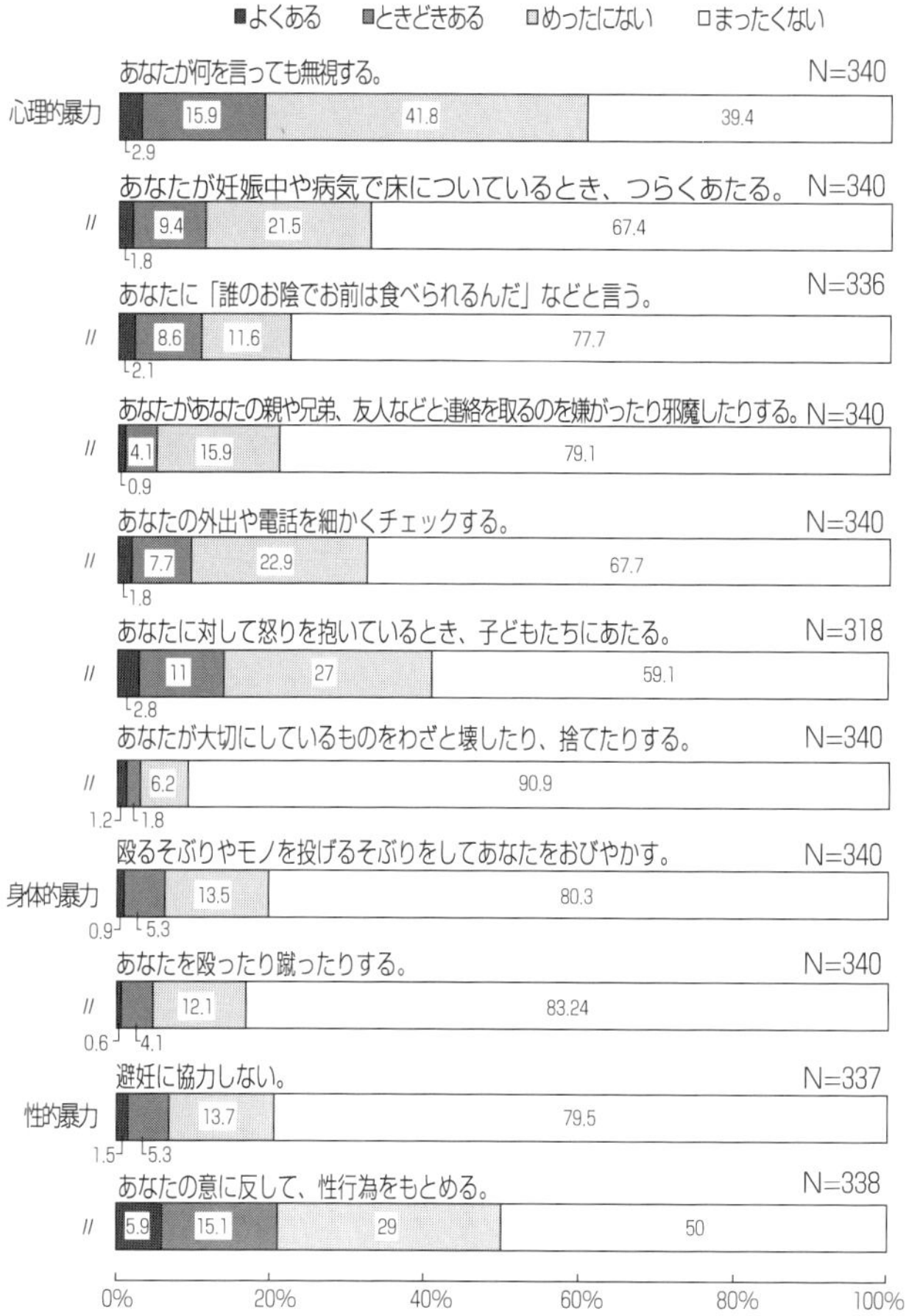

■よくある ■ときどきある □めったにない □まったくない
心理的暴力
あなたが何を言っても無視する。 N=340
2.9 15.9 41.8 39.4
あなたが妊娠中や病気で床についているとき、つらくあたる。 N=340
1.8 9.4 21.5 67.4
あなたに「誰のお陰でお前は食べられるんだ」などと言う。 N=336
2.1 8.6 11.6 77.7
あなたがあなたの親や兄弟、友人などと連絡を取るのを嫌がったり邪魔したりする。 N=340
0.9 4.1 15.9 79.1
あなたの外出や電話を細かくチェックする。 N=340
1.8 7.7 22.9 67.7
あなたに対して怒りを抱いているとき、子どもたちにあたる。 N=318
2.8 11 27 59.1
あなたが大切にしているものをわざと壊したり、捨てたりする。 N=340
1.2 1.8 6.2 90.9
身体的暴力
殴るそぶりやモノを投げるそぶりをしてあなたをおびやかす。 N=340
0.9 5.3 13.5 80.3
あなたを殴ったり蹴ったりする。 N=340
0.6 4.1 12.1 83.24
性的暴力
避妊に協力しない。 N=337
1.5 5.3 13.7 79.5
あなたの意に反して、性行為をもとめる。 N=338
5.9 15.1 29 50
//
0% 20% 40% 60% 80% 100%

図 6-2 「夫から妻へ」の暴力行為

上記の三種の暴力で一番多く経験されているのは心理的暴力です。しかも、この三種はそれぞれ関連性をもっていることがわかりました。「夫から妻へ」の暴力行為については、身体的暴力と性的暴力のそれぞれに心理的暴力をともなう傾向がみられました。つまり、それぞれは、単独で発生するというよりも重複して発生しているといえます。このように、多様な暴力が組み合わさって妻へと向かうという報告は、一九九八年に実施された東京都生活文化局が実施したものとほぼ一致しているようです。

特に、夫の経済力と妻の経済力のなさが暴力を許している姿が浮かび上がってくるようです。つまり、経済力という力を後ろ楯にした、力による暗黙の支配‐被支配関係が夫婦間に横たわっていると考えられます。「誰のおかげでお前は食べられるのだ」という言葉が何よりもそのことを物語っているのではないでしょうか。また、別の調査項目で彼女たちは、「経済力があれば離婚に踏み切る妻が多い」と八〇％以上の人が答え、「子どもがいるのなら離婚は避けるべき」と六〇％近くの人が答えています。「わたしに経済力があればなあ」「とにかく子どもが自立するまではわたしさえ我慢すれば」という妻たちの声がこのデータから聞こえてくるようです。そもそも攻撃は強い者から弱い者へと向かいやすいといわれます。この結果は、夫婦として、あるいは親密なパートナーとして、ひとつ屋根の下に暮らす男女に、「支配‐被支配」という権力構造が入り込み、社会的にも経済的にもまだまだ弱い立場にある女性が「暴力」をふるわれ、被害をこうむっている姿を浮かび上がらせています。

妻も家庭内で夫のために、子どものために一生懸命働いています。家庭運営に多大な貢献もしています。にもかかわらず、それが経済的な報酬をともなわない「支払われない労働」ゆえに、こうした経済力という支配‐被支配という力関係が、暴力というかたちで現われたとすれば、見過ごせない問題であり、ここにまさに、「たかが家庭のこと、犬も食わない夫婦の喧嘩」ではすまされない「女と男のシャドウ・ワーク」の問題があると思われます。

(2)暴力と性役割意識

妻たちはこれまでなぜこのような状態に対して疑問に感じたり声を大にして叫ばなかったのでしょうか？　驚くことは、前述の「ふくおかCAP」が実施した調査一一項目の暴力行為について、一度でもあった行為について行き過ぎだと感じたと答えた人はわずか全体の二三％のみであったいうことです。実に、七七％の人たちは、それを行き過ぎであるとはとらえていないのです。ここに、暴力を暴力と認識しない、暴力を容認する心理的な背景をみるのです。七七％の人々がショックを受けた、傷ついたと思いながら、妻たちは、そのような夫の行動を行き過ぎだとは感じないという点に、夫婦間暴力の大きな問題が潜んでいるのではないでしょうか。

彼女たちは、夫の行為を暴力であると感じていながら、他方でそれらが行き過ぎではないと感じています。しかも、「家庭や社会で、男女平等の権利を強調すべき」に八〇％以上の者が賛成の態度を示しているのです。つまり、意識のレベルでは、男女が平等であるべきという態度に賛同しつつ、現実には大きな矛盾をかかえての生活を送っていることがこのデータからうかがえます。この結果は、現在、職場や地域などをはじめ、日本社会を構成するあらゆるシステムにおいて、いわゆるボーダレス化が進行しているという指摘（土肥、一九九八）とは必ずしも一致しません。しかし、家庭は最も本音が出やすいところです。それゆえ、建て前では男女平等を肯定しつつ、一方、実生活では逆に、夫との関係を考慮した上での違った行動をとっているのかもしれません。専業主婦の置かれた状況を見るとき、家庭における労働がいかに軽んじられているのかを痛感します。

夫の方は妻子を養うために仕事をしているのだから、外では七人の敵に囲まれて闘っているのだから、家の中では多少のわがままも許されて当然だという心理が働く一方で、妻の方は、きっと疲れているのだろうから、本音を出せるのは家の中なのだろうし、夫に経済的に依存しないと生活ができないからがまんしようという心理がみえかくれしています。このような状況を許している背景には、「男は仕事、女は家庭」という性役割意識の存在があると考えられます。あるいはまた、「攻撃的であることは、男らしさの一形態である」という性役割意識があるのではないでしょうか。つまり、男らしいことと、「たくましさ」「強さ」とが結びつき、その結果、暴力もある程度は許されると受けとめる風潮があるなど、男性が女性に暴力をふるうことは男らしさの証明であるといった価値観を進んで受け入れ、強化してきた性役割観があるといえます。

(3) 共依存関係と暴力

共依存とは

夫からの暴力を受けること、被害者であることといった、暴力を介在させた夫婦の関係性に進んで入りこもうとする妻側の心理と、夫婦間の葛藤解決に暴力に依存することでしかものごとに対処できない夫側の心理を説明する概念に共依存（co-dependence）という言葉があります。常に家族間の葛藤問題を暴力に頼ることでしか解決できない場合は、暴力の嗜癖行動といいます。また、それを許すことで自己を保つ、暴力を一層強化する役割を担っているのが妻であると説明する概念です（斎藤、一九九八）。つまり、人間関係において、きわめて他人に依存的で、他者をコントロールしようとする状態のことを共依存症といいます。暴力をふるう夫も悪いが、それを支え許す妻も悪いということです。この考えは、ばらばらな個人を単位として見るのではなく、関係性として見ます。そして、関係性にこそ問題の根があると主張するのです。これは、対等で親密な関係を結べないことに起因しているようです。

もともと共依存の概念は、四戸（一九九七）によれば、一九七〇年代のアメリカのアルコール依存症に罹患している患者の世話を焼くことで、患者の回復ではなく、その病気を支えてしまっている、いわゆるイネイブリング（enabling）といわれる概念に端を発しているといわれます。これを暴力を受けた妻の心理にあてはめると、「暴力を受けたのは、自分にも落ち度があった」などと自分を責めたり、自己嫌悪に陥る妻側の心理をいいます。「妻は暴力に耐えるべきだ」と思い込んだり、「子どものために夫婦は一緒にいなければならない」と考えることにより、過度に、自分の与えられた「妻という役割」「母という役割」に固執してしまい、自分の真の感情を押し殺してしまう心理特性を示します。これは、「経済力があれば、離婚したい」とか「暴力を表ざたにすると身内の恥じだからいつかは自立しよう」ということとは異なります。共依存関係がやっかいなのは、実際に暴力を受けている妻たち自身が自分たちの置かれた状況を、苦痛を苦痛として正確に認識しない点にあると考えられます。

共依存症という人間関係の歪み

もちろん、お互い協力しあって家庭生活を営んだり、緊密な関係を進めることは必要なことです。その状態が互いに信頼しあう協力的な仲であれば、甘えや相互依存は不可欠だと思います。

しかし、問題はその関係性の中で何をやりとりするかが大きな問題なのだと考えられます。つまり、優しさをやりとりするのか、暴力をやりとりするのかが問題なのです。お酒を飲んでは自分の妻に手をあげる夫、お酒がなくてもささいなことで、たとえば、おかわりしたご飯の量が一杯目とは違う、絵の額縁が右下がりにずれているといったささいなことで暴力をふるう夫と妻との間には、もはや協力的な関係は存在せず、あるのは共依存症だけといえるでしょう。

共依存症とはこのように、他人が自己の存在証明としてあるような人間関係をいい、根底には他者をコントロールしたいという欲求があります。つまり、暴力をふるう夫は、暴力をふるうことで、妻にもっとかまってもらいたい、妻に自分の面倒をみてもらいたがっているのかもしれませんし、妻は暴力をふるう夫の面倒をみることによって、自分の生きがいを見出しているのかもしれません。こんな夫も、いつもいつも暴力をふるっているわけではありません。ときには優しくなったり、妻に甘えてきます。そのことがますます、この関係性から逃れることを困難にしているようです。そして、実は、この妻の存在こそがまさに、夫の暴力を容認しているのです。

子どもを巻き込む共依存

この共依存の関係は、夫婦間だけではなく、子どもを巻き込む家族病理として近年関心がもたれています。

たとえば、暴力を人間関係の葛藤解決に用いた場合、その人の学習された関係性とは、固着した支配－

被支配関係しか選択できないことを示しています。もし、親が子どもに対して常に体罰としつけとを混同して、子どもを意のままに従わせるために暴力をふるってばかりいたとしたら、子どもはそれを人間関係の鋳型として育つのです。このような関係の渦にいったん巻き込まれてしまうと、結婚生活においても、妻をしつけるため、きちんと管理するために体罰もやむをえなくしているのだという正当化がなされてゆくおそれがあるでしょう。たとえば、子どもが常に教師の顔色をうかがって生活するかのようです。もしこのような家庭での人間関係に対して何の疑問も抱かず、自分たちがこれまで育ってきた歪んだ人間関係の鋳型をそのまま受け継いだ、つまりそれを自らの価値の拠り所とした準拠集団としながら現在の家庭生活を運営していくとすれば、暴力の連鎖をなかなか断ち切ることができないと考えられます。家庭は、いうまでもなく子どもたちの社会化の担い手として重要です。最近は、家庭における「価値観の育成」や「人生の諸問題を克服する技術の養成」といった機能が低下しているという指摘がある（高木ら、一九九七）ものの、家庭で何を学習するのか、その多大な影響力を誰も否定することができません。結婚するとどうしてもこれまで学習してきた人間関係のパターンを継続してしまう傾向がだれしもあると思います。家庭の中においては、自己を抑制するたがのようなものが外れてしまいがちです。その中で、もし、暴力をふるう側の夫も、暴力をふるわれる側の妻も共依存の関係しか学習していなかったとすれば、ますますこの悪循環から抜け出すことは難しいと思われます。また、何よりもこのような状況は、子どもたちから将来への、特に家庭を築く夢や希望を奪います。希望や将来展望をもつことは、どの年齢においても良好な適応にとって不可欠であるという指摘（白井、一九九七）もあるように、暴力は子どもの現在の生活基盤としての安全を奪うだけではなく未来の可能性をもつみかねません。

4　DV法制定へ向けて

(1) 法制度がなぜ必要か？（その1――犯罪であると認識することの大切さ――）

経済、心理的だけではなく、制度上の問題にも目を向けたいと思います。これまで、暴力が起こった原因、そしてそれを「不当なもの」として怒り、声を出していくことのできない背景に、経済、心理的の両面において男性優位の社会構造があり、進んでそれを維持しようとする女性の存在がいっそう暴力を家庭内に閉じこめ潜在化を促進する役割を担っていることが明らかとなりました。こうしたシャドウ・ワークを表に出すためには、すなわち、暴力を犯罪と認識するためには、まずDV法が必要だと考えます。なぜ暴力を止めるのに法律が必要なのか考えてみましょう。フロム（一九九七）は、たいていの対人関係において力の行使を思いとどまらせるのは法律であると論じています。確かに、これまで家庭内で見過ごされていたDVを犯罪であると意味づけ、その違反するものに何らかのサンクション（制裁）を与えることは、これまで犯罪とは認識されていなかった隠れた行為に新たな光りを与えることになり、暴力の抑止力になると思われます。つまり、法律によって人々は家庭内といえどもそれが暴力であると認識することができ、これまで表面に現われてこなかった行為そのものが社会的な意味をもつのです。

我が国ではアメリカに比べDVに対する関心が高まるのは一足遅く、法制度上の整備も遅れています。法制度の不備があるため、暴力が家庭内のできごととして片づけられ、罰則規定もないため野放し状態を

1999年6月20日（日）朝日新聞

早期制定めざしスクラム

身近な男性からの暴力　DV防止法

全国のシェルター、新潟でシンポ

夫や恋人から受ける暴力、ドメスティック・バイオレンス（DV）を禁止する法律を制定しようという取り組みが国内でも徐々に進んでいる。今月中旬、各地で被害女性の〝駆け込み寺〟になっているシェルター（避難所）組織が集まって新潟市で開かれた「全国シェルター・シンポジウム」でも、各シェルターが協力して法案作成や国への働きかけをするなど、DV防止法の早期制定に向けて行動していくことが決まった。

ドメスティック・バイオレンス防止法の制定を求めて開かれたシンポジウム＝新潟市で

「居場所がない」被害例報告

シンポジウムの分科会では、日本のDV防止法整備が遅れているために実際に起きた困った例が各シェルターのスタッフから報告された。

【事例①】健康保険証が夫名義のため、病院に行くと逃げた場所がわかってしまう。連絡が行かないよう夫の会社の担当者に掛け合ったが、だめだった。しかたないので風邪などの場合は現金治療。入院にはシェルタースタッフの保険証を使った。

【事例②】夫が興信所を使って逃げた妻の居場所を突き止め、アパートで暴行。預金通帳を奪っていった。弁護士に接近禁止の仮処分を出すよう申請したが取り合ってくれなかった。

【事例③】子供の転校の際、転入校は特例として住民票を移さなくても許可した。だが元の学校の教育委員会に夫側から圧力がかかり、居場所がばれてしまった。

◇

国へ働きかけも

シンポジウムを主催した「女のスペース・にいがた」の西沢真知ディレクターは、DV防止法が必要な理由を、こう説明した。「夫が妻に暴力を振るっても刑法に触れない限り、現状では罰せられない。だが被害にあった女性は、その日から居場所がなくなってしまうのです」

札幌市の「女のスペース・おん」は七月初旬に弁護士や学識経験者らを交えた研究チームを設け、DV防止法の草案づくりに取り組む。全国のシェルターから意見を集約し、年内にもネットワークとしての案を作成する予定だ。近藤恵子世話人代表は「法律ができれば加害者に処罰ができるほか、社会全体にも防止機能が働く」と話す。

研究チームで草案作成

女性問題のロビー活動を続ける市民団体「北京JAC」は三年前、「女性に対する暴力防止法研究会」を作り、月一回のペースで勉強会を続けてきた。今年中に法案の骨子を固め、議員立法を目指す。

この問題に詳しい中村洋二郎弁護士によると、DVを防止する法律は一九九三年現在、イギリスやフランスなど十八カ国で成立、十二カ国で立法化作業中だった。九五年に北京で開かれた国連世界女性会議をへて韓国やフィリピンなどアジアにも広がった。

韓国では女性団体の法案作成が原動力となり、九五年に性暴力特別法、九七年に家庭暴力防止及び被害者保護法が成立した。韓国性暴力相談所のチェ・ヨンエ所長は、実際に法律を作るためには①現場で何が起きているのかデータをまとめる②法案を女性問題に関心のある国会議員に託し、ロビー活動を行う③男性国会議員を代表者として運動を進めていく——などが必要とアドバイスする。

こうした女性団体の行動に合わせ、参院の「共生社会に関する調査会」（石井道子会長）は今国会の会期末までに、DVについて①現行法で対応できるもの②現行法を改正すべきもの③新規立法が必要なもの——の三種類について、議論が必要だとする提言をまとめる。

余儀なくされていました。「法は家庭に入らず」の考えがまだ強く、一一〇番通報しても現場の警察職員に対応がまかされている段階であるといえるでしょう。「裁判所が出す接見禁止の仮処分を破った場合には犯罪とする、といった改正が必要だ」と法整備を訴える活動が最近は活発になっており、一方では「男女共同参画社会基本法」が公布・施行されるという進展がみられますが、アメリカのように、たとえ家庭内の暴力といえども即刻逮捕という法律はまだありません。

このような現状なので、実際に警察に助けを求めて逃げこんだとしても、そこには被害者を守るべき法律がないために一貫した対応がいまだなされていないのが実情なのです。そして、このことが、DVの被害者たちが自分の身の上に起こった事柄を正確に判断することができない、あるいは誰も助けてはくれないといった孤立感や絶望感をますます抱かざるをえない状況へと追いこんでいきます。たとえば、夫から妻への暴力に関する相談を受けた人の話では、頻繁に夫の暴力にさらされて、たびたびけがを負っているにもかかわらず、実際に警察に通報したのは相談件数の四分の一にすぎないといいます。たとえ、通報したあるケースにおいても、警察が積極的に介入してくれなかったとの訴えがあったことが報告されており、夫から妻に対する暴力は単なる夫婦喧嘩とは質を異にするものであって、他の暴力と同様、許されることではないという当然の認識を社会全体で共有することが、何としても必要なのではないでしょうか。

(2) 法制度がなぜ必要か？（その2――社会の無理解と無関心から孤立させないために――）

人は自分の置かれた状況を他者の判断を基準にしてしか把握できません。このことを裏付ける実験があります。その実験は、暗室内で光る点を見せられたとき、本当は静止した光りの点が、そこでは動いて見えるということを明らかにしました。人が、他の判断基準枠をもたない場合には、それを正確に認識することができないということを実証したのです。つまり、暗室内で、判断の枠組みが取り去られてしまうと、たとえどんなにいい視力をもっていたとしても見ることができないのです。暴力を受けた妻たちも、実はこのような状況下にさらされているのではないでしょうか。たとえば、夫から死にそうなくらいの暴力を受けて、必死の思いで警察にかけこんでも、「なんだ夫婦喧嘩ではないの」と軽く取り扱われたとき、「これは本当はそう大したことではないのかな」と思わされてしまうという声を聞きました。そこで、再び無理解と無関心という社会からの二次的暴力を受けるのです。

警察にまでいかない場合でも、DVの被害者たちは社会の無理解に追い詰められています。彼女たちは自分たちの苦しみを社会に理解してもらうために、まず外部の人たちにわかってもらわなければなりませんが、これが大変なことなのです。しばしば暴力を家でふるう夫は外の顔と内の顔とを巧みに使い分けているケースがあるといいます。外部からは、この夫の二面性を立証することはできにくいと思われます。たとえば、法的な手段に訴えるにせよ、家族間の話し合いで解決するにしろ、正確な事実（証拠）がないとDVの深刻さが理解されません。そのことが被害者にかえって深い心の傷を負わせることになります。なぜなら、いくら言葉で必死に説明したとしても、「あなたの努力が足りないのでは？」とか「もっとご主人をかまってあげて」とか「きっとご主人さまはあなたに甘えてるのよ」といった家裁の調停員の的外れなアドバイスを受けることさえあるからです。わらをもつかむ思いで、恥をしのんでやっとの思いで暴力を告白した彼女たちは、ここで再び「何を言っても無駄だ」「誰もわかってくれない」という無力感と孤独感へと追い詰められてゆくのです。

5　DVのない社会をめざして

(1) 二一世紀の夫婦像

かつての典型ともいえる家庭の風景は、父親を中心に丸い卓袱台で夕食を囲み、一家を担う父親は、おかずが一品多く、お風呂も父親が先というものでした。「地震、かみなり、火事、親父」といった従来の強い男性像を連想する言葉を、ある種のなつかしさをもって、わたしはときおり思い出します。

そしてそのとき、ほとんど黙っていた大黒柱の親父たち。まさしく戦後の何もない時代から高度経済成長を遂げ、豊かな消費社会を享受することができるようになったのは、家庭を無言でひたすらひっぱり、仕事に邁進してきた父親たちであり、それを内助の功で支えた母親たちであったと言えるでしょう。

ところで、山田洋次監督の映画『男はつらいよ』の寅さんには、大勢の男たちのあこがれと夢が詰まっていると言われます。渥美清さん扮する主人公、寅さんは、実に会話が巧みで思いやりに満ちています。勝手気ままに全国を放浪していますが、いつでもあたたかく迎えてくれる家族があります。妻をなぐってしまうほど、イライラして疲れているのならば、夫もしばし羽を休めて心からくつろげるような家庭が必要です。二一世紀の夫婦は夫だけが重い荷物を背負って一家の大黒柱で家計を支えるのではなく、皆が壁面で支えるツーバイフォーの夫婦がもっと増えるのではないでしょうか。五年ごとに生計を支える役目を交代して共に家庭を担い、育児を担う、そしてどちらかが定年を迎えるころには二人でのんびり五年ぐらい何もしないという夫婦がいても素敵だなと思います。夫婦という形態だけではなく、一人でもいいし、いつでも別れてもやっていける状況で、しかも自然に一緒にいる、そんな夫婦もまたいいのではないでしょうか。ほんとうにあう人を求めて新たな人生の選択を前向きにやりなおし、離婚し、再婚もまたいいのではと思います。誰もが、自分らしくいろいろな選択肢を人生のあらゆる時点で柔軟に選択できる多様な生き方を社会が提供できうることを信じて、今、わたしたちにできる主張をし続けたいと考えています。

「男はつらいよ」と弱音がはける、心からくつろげ慰めあう家庭を女性たちが真の男女平等を獲得した後にもしなやかに築けるとき、はじめて暴力のむなしさを少しばかり女も男も認識することができるのではないでしょうか。何といっても人は孤独な存在です。一人で生まれ、一人でこの世を去っていかねばなりません。これだけはいかんともしがたい事実です。せめて生きている間は、攻撃しあうのではなく、仲良く優しさを分かちあうにはどうすればよいのか、これからのＤＶのない世界をイメージしながら、上述してきたことに加え、ＤＶをなくすために次の点を提案します。

(2) 科学的にみたＤＶ（ＤＶ対策その１　経済力をもつ）

女も経済力をもちましょう。結婚前にも夫が妻に何を求めているのか、夫となる人がモデルとしている妻像は何か。その準拠している集団を（どの家庭の価値に依拠しているのか）片目は閉じてしっかり観察する必要があります。概して、結婚相手を選ぶとき、どの点を重視するかと問われれば、女は経済力、男は優しさや容姿を重視すると答えることがわたしたちの多くが受け入れている結婚観だと思われます。最近は変化しつつあるようですが、今なおそのことがよしとされた社会であり、経済力という力を基盤とした支配‐被支配関係がＤＶに影響を少なからずおよぼしてるのだと言えるのかもしれません。

家庭運営における経済面を共に担うことで、養い‐養われるという関係がなくなり、したがって役割が固定しないで柔軟に双方がそれぞれの役割を交代しうる可能性が出てくるので、男性側からの「誰のおかげで食べられているのだ」という言葉も少なくなるでしょうし、女性側からの「わたしに経済力さえあればなあ」という言葉も少なくなると予想できます。そうなると、いつでも何かあれば、外に出ることができるという選択の可能性が広がることになり、そのことが暴力の抑止力になるのではないでしょうか。なぜなら、ここにしか居場所がない、どこにも行けない、誰にも言えないということが、お互い閉じた家庭内での暴力をますます温存していくと考えられるからです。

ＤＶがそのような状況を経て軽減した社会になれば、配偶者選択においても、女性は男性に経済力を求めるということが第一条件とはならなくなるだろうと考えられます。そうすると男性も容姿がいいとか、家事ができるとか、会話が楽しめるといった男性が今後は求められることになるかもしれません。実際、最近では、美を求める男性が現われてきていることが指摘されています（柏尾ら、一九九九）。

(3)科学的にみたＤＶ（ＤＶ対策その２　自らの性役割意識や共依存に気づく）

男女平等社会といわれる今日、このようなＤＶの問題が起こってきたということはちょうど、真の男女平等社会への過渡期を示すものではないかと考えられます。おおよその人々の意識のレベルにおいては男女平等は肯定されてきました。しかし、まだまだ本音の部分が現われやすい家庭にあってはまだ少し昔の伝統的な性役割観が残っていることをこのＤＶ問題を通して私たちに警鐘を鳴らしてくれているのではないでしょうか。イデオロギーという建前が取り払われた今、むしろ暴力は、人間や人間の本質的な部分をあらわすようになったという指摘（大渕、一九九四）を私たちは自らに問う必要があります。

ところで、社会構造において、上位にある集団の成員は、下位集団との違いをあまり重視しないのに対し、他方、下位集団の成員は上位集団との違いに敏感であるといわれています。つまり、女性は一般に男性よりも社会的地位が低いため、性別の違いに敏感に反応しがちであることを意味しています。このことは、女性であるために社会的に下位集団に属し、不利益をこうむっているはずの女性自身によって、性役割制度が維持されているという皮肉な現象を生み出していることを示しており（土肥、一九九八a）、本章での、暴力を社会問題へと結びつける大きなブレーキ役を女性たち自身が進んで担っているということと対応していると言えるでしょう。したがって、女性自身が自分たちの性役割意識や共依存に気づくこと、決してそれが個人的な問題のみならず、社会的な問題を内包していることを認識することが必要だと考えます。

(4)科学的にみたＤＶ（ＤＶ対策その３　暴力は社会的であると認識する）

ＤＶが起きる原因として、経済面、性役割意識、共依存についてとりあげてきました。閉じた家庭内のことは、なかなか外には伝わりにくこともあいまって、ＤＶがこれまで個人的な問題として潜在化してきたと考えられます。しかし、ＤＶが家庭内で生じることだからとそのままにしておくと、決して問題が個人的なことではすまなくなります。

たとえば、「離婚してもいいが、子どもは渡さない」と言われ、泣く泣く我慢をし「子どもが成長するまでは」「両親そろって娘を嫁がせたい」という切ない妻たちの願いの背景には、どちらかが欠けた不揃い家庭への風あたりを極力さけたいという欲求がみえます。しかし、このような「わたしだけが我慢すれば……」は、わたしだけの問題に終わりません。なぜなら、その思いは、「これだけ我慢をしたのだから」といってやがては、息子や娘の人生を支配してしまうことが予想できるからです。家庭の中でこのような関係性がさらに強化され温存され、親から子へと学習され、次の世代へと暴力が連鎖していくという可能性を考えたとき、暴力を決して、家庭内のこととか個人的なこととしてすますのではなく、社会問題として認識することが必要です。

(5) 科学的にみたＤＶ（ＤＶ対策その４　自由なコミュニケーションをもつ）

最近は、従来の男らしさに縛られて不自由に生きるのではなく、人間らしく、たまには弱音もだし、感情も素直に出して他者との関係性を見直そうという動きも出てきました（中村、一九九六）。いわゆるメンズ・リブ運動と言われます。概して、男性は女性とくらべ、思ったことを言葉に表現することが苦手なようです。「なぜ暴力をふるったのか？」という問いに、「口ではかなわないからつい手がでて」「こいつを何とかだまらせようとしたら力しか思いつかない」という夫側の声を聞いたことがあります。そして、中には暴力をふるった後に自己嫌悪に陥ることもあるようです。アメリカでは、ＤＶを防止するプログラムにコミュニケーションスキル向上プログラムがありますが、このことからも、自分の思いを適切に言葉にしにくいことが暴力をふるう原因の一つであるということが考えられます。

ヒロカワら（印刷中）は、初対面の大学生の男女を対象に、どのようなパーソナリティの人が会話を上手にすることができたかを検証する実験を行いました。その結果、男性的でもあり、かつ女性的でもあるいわゆる両性具有的な人のほうが、他の男らしさだけの男性や女らしさだけを強くもっている人たちよりも会話内容が豊富で緊張もせず、姿勢も積極的であることが明らかになりました。一言で言えば、会話が巧みなことを明らかにしています。この結果は、先に述べた会話の苦手な、男らしさだけの男性が暴力をふるってしまうということと照らしてみると、興味深いと思います。

(6)科学的にみたDV（DV対策その5　社会をゆさぶり続ける）

暴力は夫婦関係間の個人的なことと社会（制度）との相互作用の中で規定されているということを認識しておく必要があります。言いかえれば、個人的なことでも、声を発し、行動を起こすことが社会に影響を与え、それが一つの制度になり、その制度によってわたしたちの意識や行動が規定されていくのです（柏尾、一九九九）。「どうせだれもわかってくれない」「わたしが至らないから」「恥ずかしいから」「報復がこわいから」とあきらめないで下さい。どんどん社会へ働きかけましょう。女性が訴えることの有益性が低いからとあきらめてしまうと、社会は何も変わりません。一貫して訴え続ける人たちが、一貫して主張し続けていくことを通じて、たとえ、はじめはマイノリティであったとしても、やがては、マジョリティへと移っていくことでわたしたちの歴史は進展してきました。かつて、女性には参政権すらなかったという信じられない時代もあったのですから。その歴史の足跡の一つからさえも、びくとも動かなかった社会が変化するのだということを、確信することができます。希望をもって社会をゆさぶり続けましょう。アメリカでは、おおむねそのようなプロセスを経てDV法が制定されました。

（なお、日本では、ドメスティック・バイオレンス防止法が二〇〇一年四月に成立しました（二〇〇一年

一〇月より施行））

引用・参考文献

土肥伊都子　一九九八a　性役割意識　安藤清志・押見輝男（編）『自己の社会心理』誠信書房

土肥伊都子　一九九八b　被服行動におけるクロス・セックス化　繊維製品消費科学、**三九**、三六-四二頁。

土肥伊都子　一九九九　ジェンダーに関する自己概念の研究　男性性・女性性の規定因とその機能　多賀出版

ふくおかCAP福岡市女性センター　一九九九　家族でも見過ごせないこと——家庭生活における人権と暴力に関する実態調査——

Fromm, E. 1997 *Love, sexuality and matriarchy.* ライナー・フンク ed（滝沢海南子・渡辺憲正訳　愛と性と母権制　新評論）

博報堂生活総合研究所　一九八九　『90年代家族』

Hirokawa, K., Dohi, I., Yamada, F., and Miyata, Y.（in press）The Effects of Sex, Self gender-type, and partner's gender-type on Interpersonal adjustment at an initial encounter : Focusing on Androgynous and Stereotypically sex-typed couples. *Japanese Psyhological Research.*

柏尾眞津子　一九九九　価値変容研究から見た現代青年の価値観　関西大学経済政治研究所双書　第一〇九冊、一一-二九頁

柏尾眞津子・土肥伊都子・矢島誠人　一九九九　女装化する男性の心理　高木　修（監修）神山　進（編）『被服行動の社会心理学』北大路書房

中村　正　一九九六　『「男らしさ」からの自由』かもがわブックレット八八　かもがわ出版

日本DV防止・情報センター（編）一九九九　『ドメステック・バイオレンス　在米日本女性のたたかいの記録』

かもがわブックレット一二四　かもがわ出版
大渕憲一　一九九四　『暴力の行動科学』　現代のエスプリ三二〇　至文堂
小此木啓吾　一九九七　『視界ゼロの家族』　海竜社
斎藤　学　一九九五　『魂の家族を求めて』　日本評論社
斎藤　学　一九九八　『「家族」という名の孤独』　講談社
総理府　一九九九　『男女共同参画白書――男女共同参画の現状と施策――』
四戸智昭　一九九七　共依存の構造とスケールに関する研究　アディクションと家族、**一四**、四六六頁－四七三頁。
白井利明　一九九七　『時間的展望の生涯発達心理学』　勁草書房
高木　修・柏尾眞津子・西川正之　一九九七　価値及びその変化の比較研究（一）　価値の変化認識とそれを規定する要因　関西大学社会学部紀要、**二九**、二、七七－一〇三頁。
東京都生活文化局　一九九八　『女性に対する暴力調査報告書』

第7章　セクシュアル・ハラスメントに関わる女と男のシャドウ・ワーク

第七章は、セクシュアル・ハラスメント（セクハラ）に関わるシャドウ・ワークについて考えます。ある事件が起こった場合、それをセクハラとみなすかといった出発点から、困難が待ち受けています。たとえば、男女間の意見の食い違いは明らかです。事件は、職場ごとに個別的に原因追求しても解決できません。職場とは直接関係のない、社会的に信じられている、男女の特性についての思いこみも原因になっています。たとえば、女性の上司に対しても、「女だから決断力がない」といういやがらせが可能です。小さな職場での女と男のシャドウ・ワークにも、社会の価値観が忍び込んでいるのです。

現在、職場に働く人のうち五人に二人が女性です（雇用者に女性が占める割合三九・五％　平成一〇年度版女性労働白書――働く女性の実情――、一九九九）。女性全体を見ると、必ずしも雇用者に限りませんが、二人に一人が何らかのかたちで働いて収入を得ています（女性の労働力率五〇・四％）。女性の職場進出はこの数字を見る限り、かなり進んでいるように思えます。もちろん女性の多い職場や男性の多い職場といったばらつきはあるものの、職場の中には女もいれば男もいるという状況であることがわかります。それだけの話であれば、多様性が受け入れられつつある現代、何も問題はないのですが、現実の職場では女あるいは男という性別がさまざまな判断基準に用いられ、そのことが問題を引き起こすことが少なからずあります。ここでは、セクシュアル・ハラスメント（sexual harassment）を取り上げて、職場の中にどんな女と男のシャドウ・ワークが働いているかを探ってみたいと思います。

1　セクシュアル・ハラスメントの女の視点、男の視点

セクハラ（セクシュアル・ハラスメント）談義などしていると、性別の違いで、まったく論点が異なり、その間にまったく接点のないことに気づくことがあります。最近では、職場のセクシュアル・ハラスメントのみならず、大学におけるセクシュアル・ハラスメントが、新聞紙上をにぎわすことがあります。筆者も大学に所属していますので、ときどき大学での話題がこのキャンパス・セクハラにおよぶことがあります。筆者自身はいかに女子学生を魔の手（？）から守るか、はたまた女性大学院生の就職差別（学問上のセクシュアル・ハラスメントだということで、アカデミック・セクハラとよんだり、これをさらに短縮し

て、アカハラとよんだりしています）などに関心がいくわけですが、一部の男性の教官には、ときに自分の職や名誉を失いかねないキャンパス・セクハラの加害者に、いかに仕立て上げられないかが関心の的のようです。

後にも述べますが、現状では、誰（男でも女でも）がセクシュアル・ハラスメントの被害者となっても、いつターゲットになってもおかしくないという状況があると筆者は考えています。しかし、一部の男性は、セクシュアル・ハラスメントの被害者に対して被害妄想なのではないかとか、被害者である女性が社会的な行動をとれば、ヒステリーといった解釈をもち出すところがあります。つまり、セクシュアル・ハラスメントの被害を被害者の価値を引き下げることによって、問題の説明をつけようとする傾向があるのです。しかし、賢明な読者の皆さんは、これらの解釈が被害者の個別性に目を向けられたものではなく、女性に対するステレオタイプそのものであることにお気づきだと思います。実は、こういった傾向は、人間の社会的行動としては一般的で、自己正当化（アロンソン、一九九二）の文脈で起こったものと考えられます。

同じことは女性の側にも起こります。誰でも被害を受ける恐れがあるとすれば、まったくたまたま交通事故にでも遭ったようなもので、予防法もないことになりますから、不安が高まり、職場に行くことができません。そこで、被害にあった人にはこういうまずいところがあったが、自分はそうでないから大丈夫というように、現実の危険性を否認して安心しているのです。これも一種の防衛機制と考えられます。しかし、これらの理由づけが事実であればよいのですが、単にステレオタイプを用いて説明をしているとすれば、自分の守る何の助けにもなりません。ステレオタイプを助長し、セクシュアル・ハラスメントを再生産するだけです。

いずれも人間のもつ一般的な社会的行動傾向に一致した行動ではありますが、われわれはこれらの原始的な防衛機制を、現代社会が必要とするより高度なかたちに変化させるだけの力をもっていると思います。両性の利益のためにも、こういったあくまで女性を引き下げる徹底したシャドウ・ワークが働いていることを明確にし、そこから脱することを考えた方がよいのではないでしょうか。のっけから勝手なことを言っているように聞こえるかもしれませんが、決して根拠のないことを述べているわけではありません。以下にいくつかの調査研究を見ながら、セクシュアル・ハラスメントをじっくり検討してみましょう。

2　何をセクシュアル・ハラスメントというか

まず、実際の調査研究から、セクシュアル・ハラスメントに対する考え方について見てみましょう。田中（一九九七）は、社会人の男女一五九名（男性八七、女性七二）を対象に二〇の行為について、その行為が許されない程度を、ほとんど許される行為だと思う（一点）からまったく許されない行為だと思う（五点）までの五段階でたずねています。図7-1はそれぞれの項目の平均点を女性がまったく許されないと考えている順に示したものです。ここで興味深いのは、男性と女性で許されない程度についての考えが異なっていることです。二〇項目中一二項目で、女性と男性との間に統計的に有意な差がありました。いずれも女性の方が許されないと考えている程度が高くなっているのがわかります。また、標準偏差という個々人の回答のばらつきの程度を見る指標をみると、男性の回答のばらつきに対して、女性の回答は非常にばらつきの少ないことがわかりました。これは女性ではそれらの行為に対する意見がほぼ一致してい

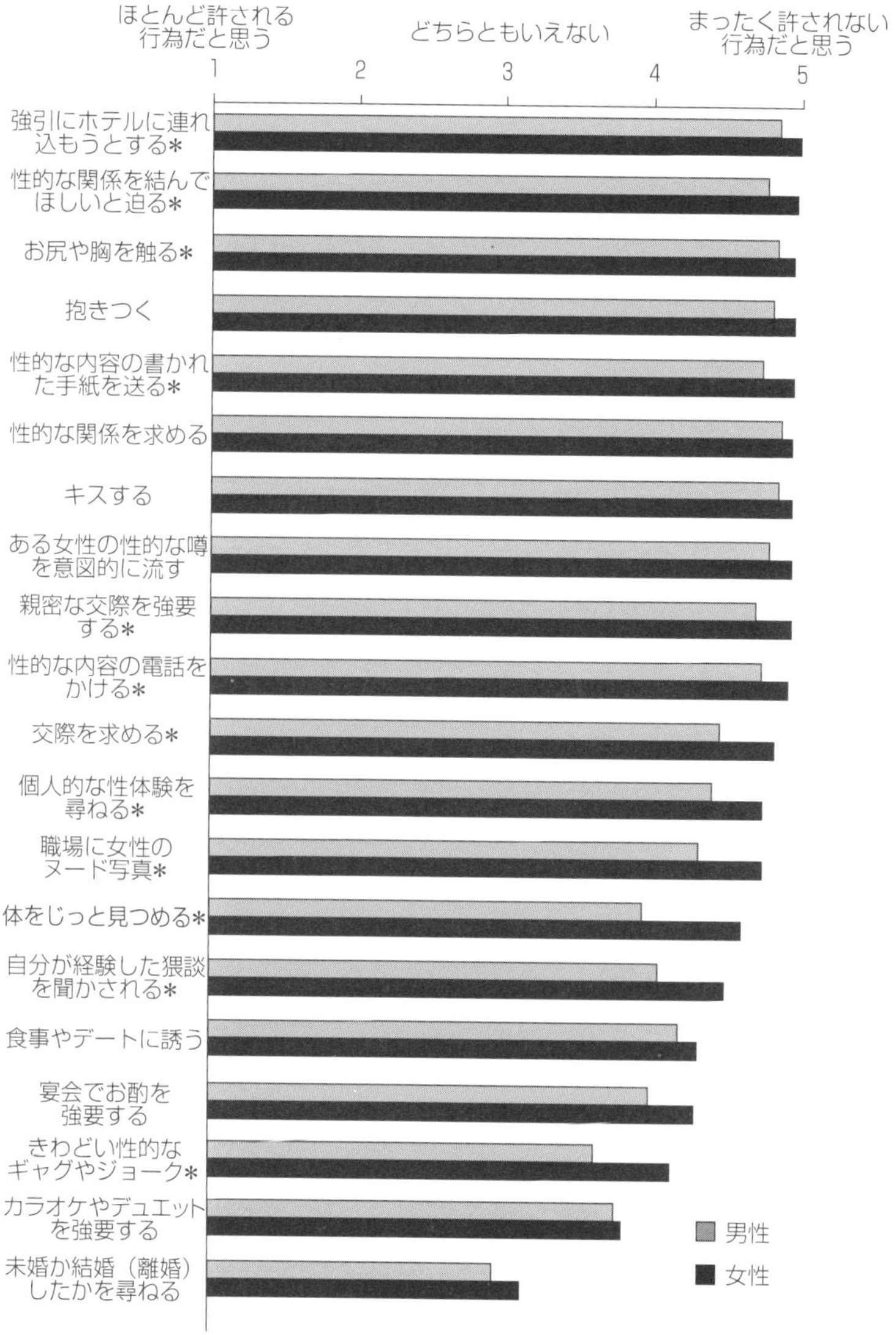

図 7-1　セクシュアル・ハラスメント行為で許されないと思う程度
（田中，1997 より作成）
（注）　＊は評定結果に有意な性差が認められた項目

るのに対して、男性では意見が分かれていることを示しています。

平均的に見れば、男性の方がこういった行為に対して甘い得点をつけがちなのが明らかです。ですから、何がセクシュアル・ハラスメントかを考えるとき、男性の自分が思うより、女性の方がずっと許せない行為であると考えていると思えば正解ということになります。それでは、男性の意見のばらつきについてはどのように考えたらよいでしょうか。このような男性の意見のばらつきの背景には、いくつかのことが考えられます。自分がそういう目にあったらどうかという想像力を働かせる力の程度とか、人権について真剣に考えたことがあるとか、自分にとって大切な女性（妻や恋人、娘など）がいるとか、以前に女性から指摘されたことがあるなどなど。中でも、次に紹介する調査研究は、男女平等意識の重要性を示しています。

3　男女平等意識とセクシュアル・ハラスメント

名古屋市男女共同参画推進会議（一九九八）が平成九年から一〇年に実施した調査結果によると、まず、職場が男女不平等（女性は男性に比べて昇進の機会が少ない、お茶くみや掃除などの雑用は女性の役割となっている、男女の間に給与の差があるなど）であればあるほど、セクシュアル・ハラスメントの被害を経験したと回答した人の割合が高くなることがわかりました（図7-2）。

図中の項目の分類は、それらの項目のような行為があったときにどれくらい不快に感じるかをたずね、因子分析という統計的方法で分析した結果つくられた三つのグループです。項目一〜九は「ジェンダーハ

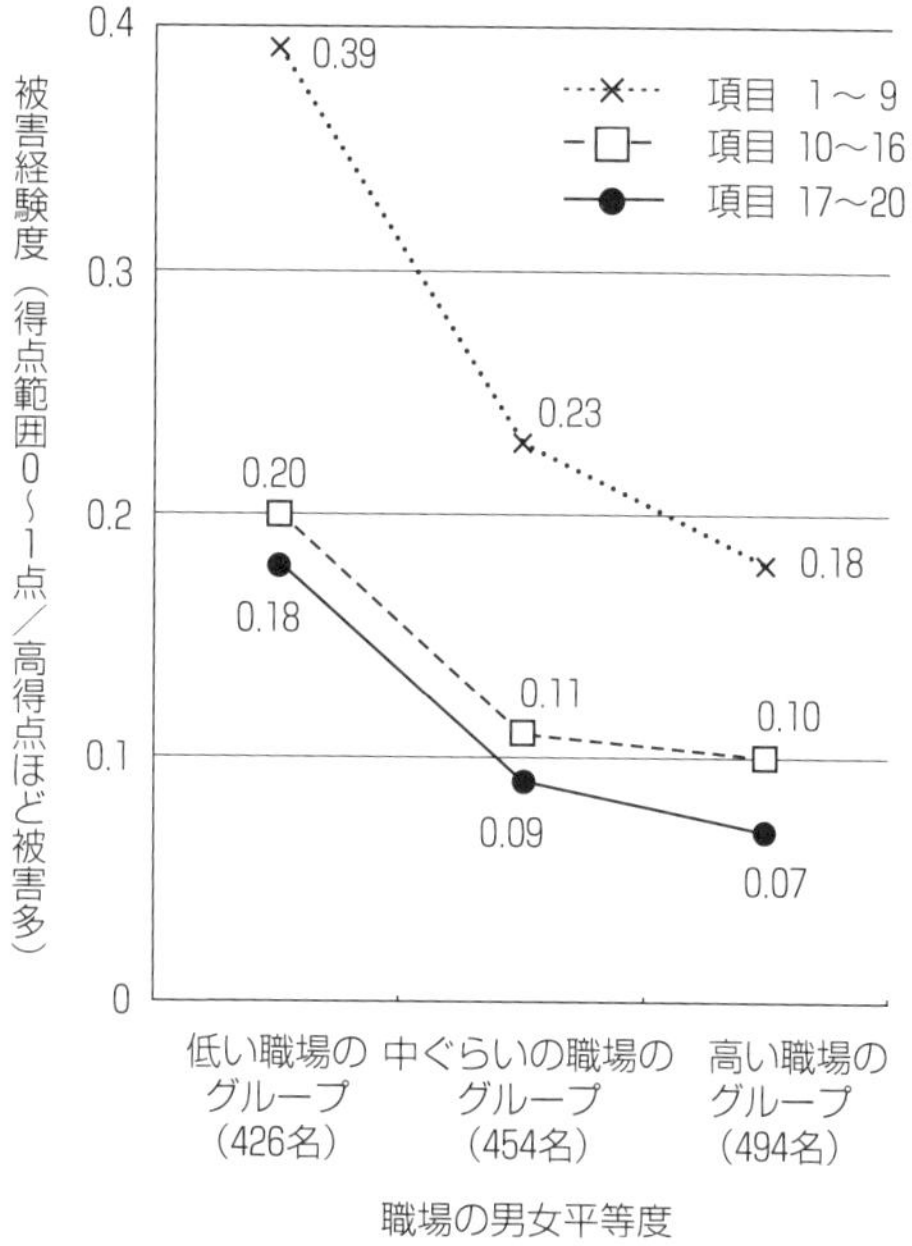

図 7-2　職場の男女平等度とセクシュアル・ハラスメントの被害経験度との関係（名古屋市男女共同参画推進会議, 1998）

ラスメント」を示す項目群で、具体的には「『それじゃあ結婚できないよ』『旦那さん（または奥さん）に逃げられるよ』などの発言」「『胸が大きい』『髪が薄くなった』など体型や容姿についての発言」「『男（女）のくせに』『女（男）みたいな』などの発言」などを含んでいます。項目一〇～一六は「セクシュアルハラスメント／望まない性的注目」を示す項目群で、「『ＳＥＸのやりすぎなんじゃない』『ＳＥＸ好きそうだね』など性的なからかいや冗談」「性的経験を尋ねる」「『ＳＥＸの欲求不満でイライラしているんじゃない』『生理なんじゃな

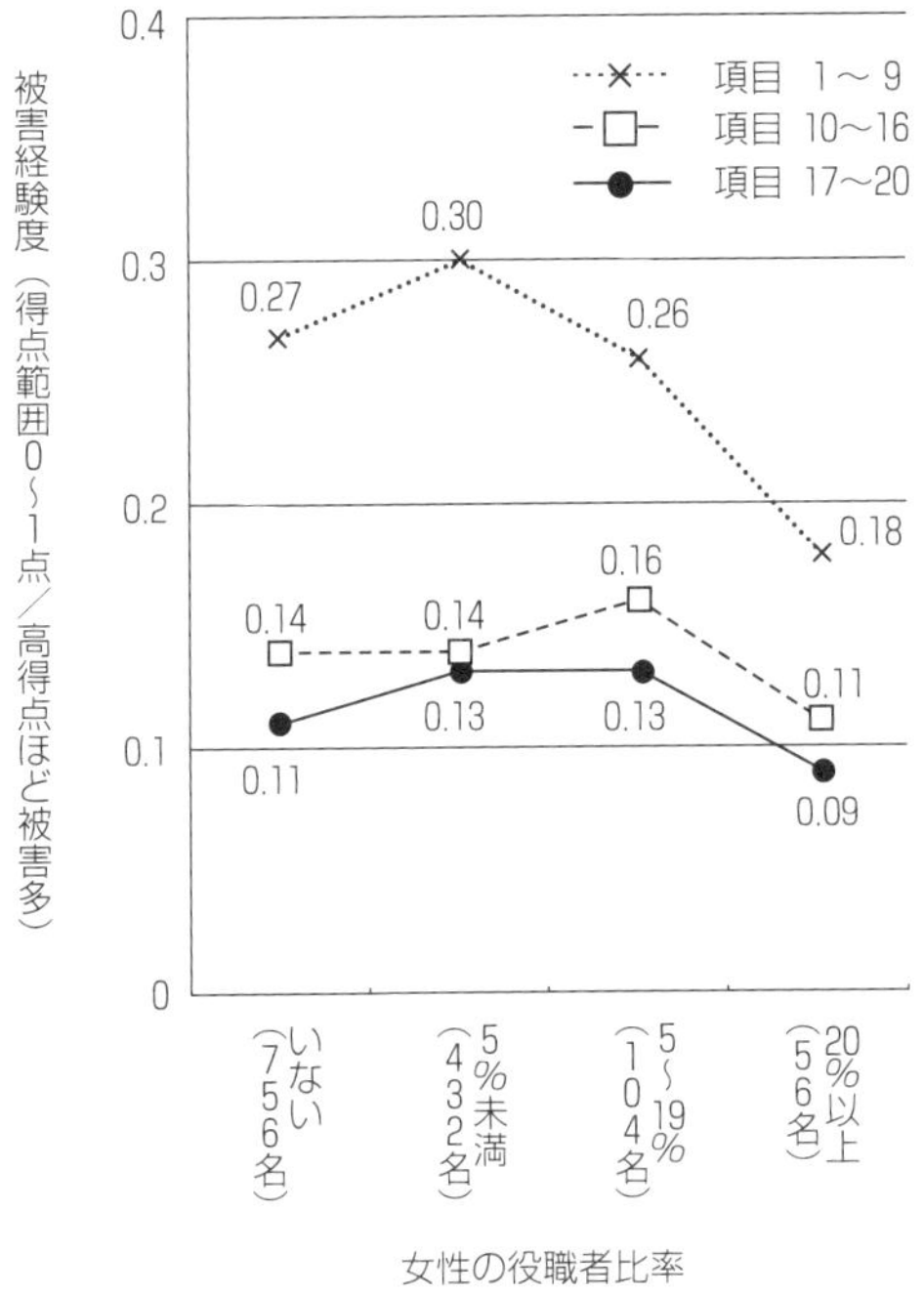

図 7-3　職場の女性の役職者比率とセクシュアル・ハラスメントの被害経験度との関係（同資料，1998）

い』などの発言」などの項目が含まれます。項目一七～二〇は「より重度なセクシュアルハラスメント／性的強制」を示す項目群で、「性的な関係の誘い」「性的含みのある手紙や電話など」などの項目を含んでいます。

女性管理職が全管理職に占める割合が高い（二〇％以上）職場を見てみると、特にジェンダーハラスメントの被害度が低くなっています（図7-3）。職場における男女不平等度と女性管理職の割合はたぶんに関係があると思われますが、男女の処遇上の差別がなく、女性を積極的に登用しているような職場ではセクシュアル・ハラスメントが

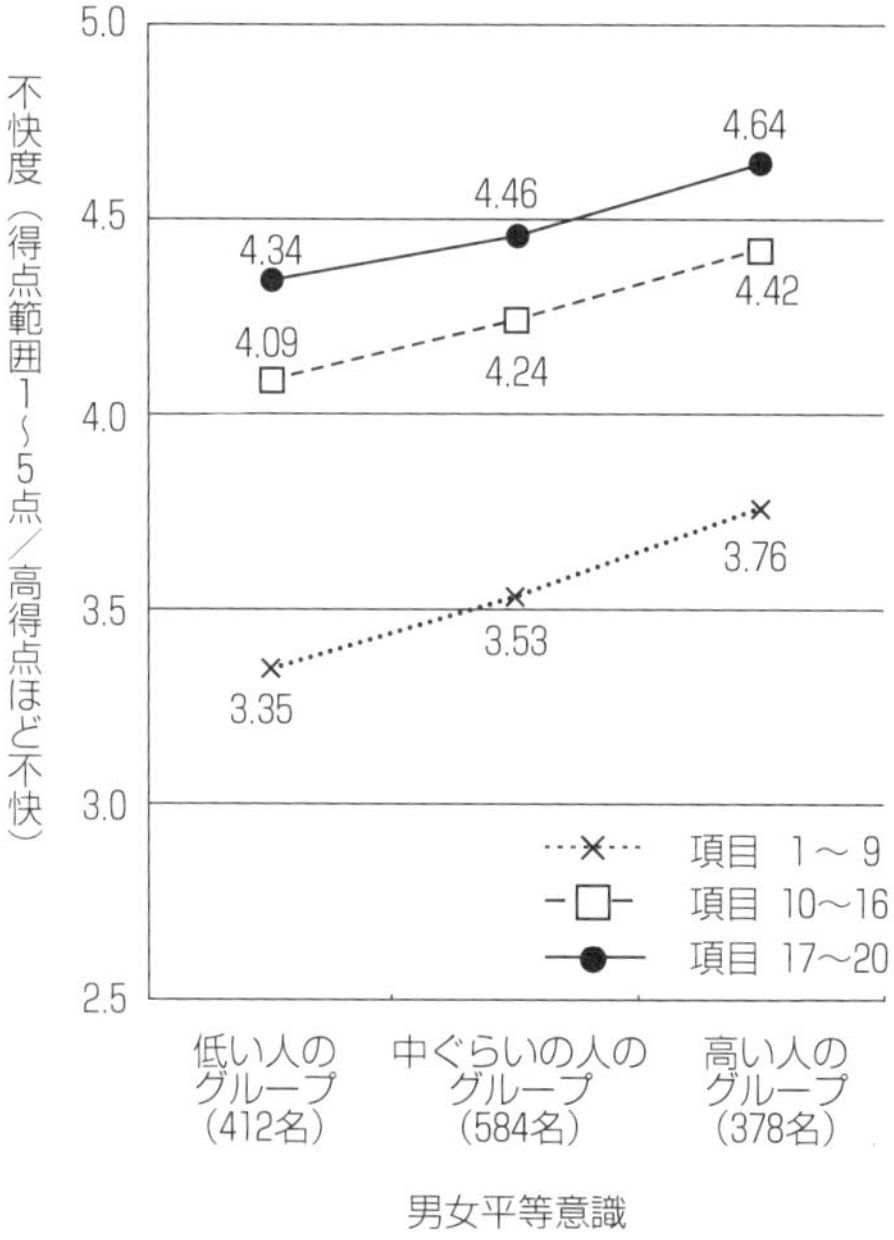

図 7-4　男女平等意識とセクシュアル・ハラスメントに対する不快度の関係（同資料，1998）

少ないということが言えます。

　また、一般的な男女平等意識（男性も家事や子育てに積極的に参加すべきだと思う、男の子は男らしく、女の子は女らしく育てる方がよいとは思わない、子育てや介護といった役割は、男性より女性の方が向いているとは思わないなど）の高い個人ほど、セクシュアル・ハラスメント行為に対して不快感を示し（図7-4）、一方、一般的な男女平等意識が低い個人ほど、セクシュアル・ハラスメント行為をしたことがあると答えている程度が高くなること（図7-5）がわかりました。

　つまり、その職場が男女平等

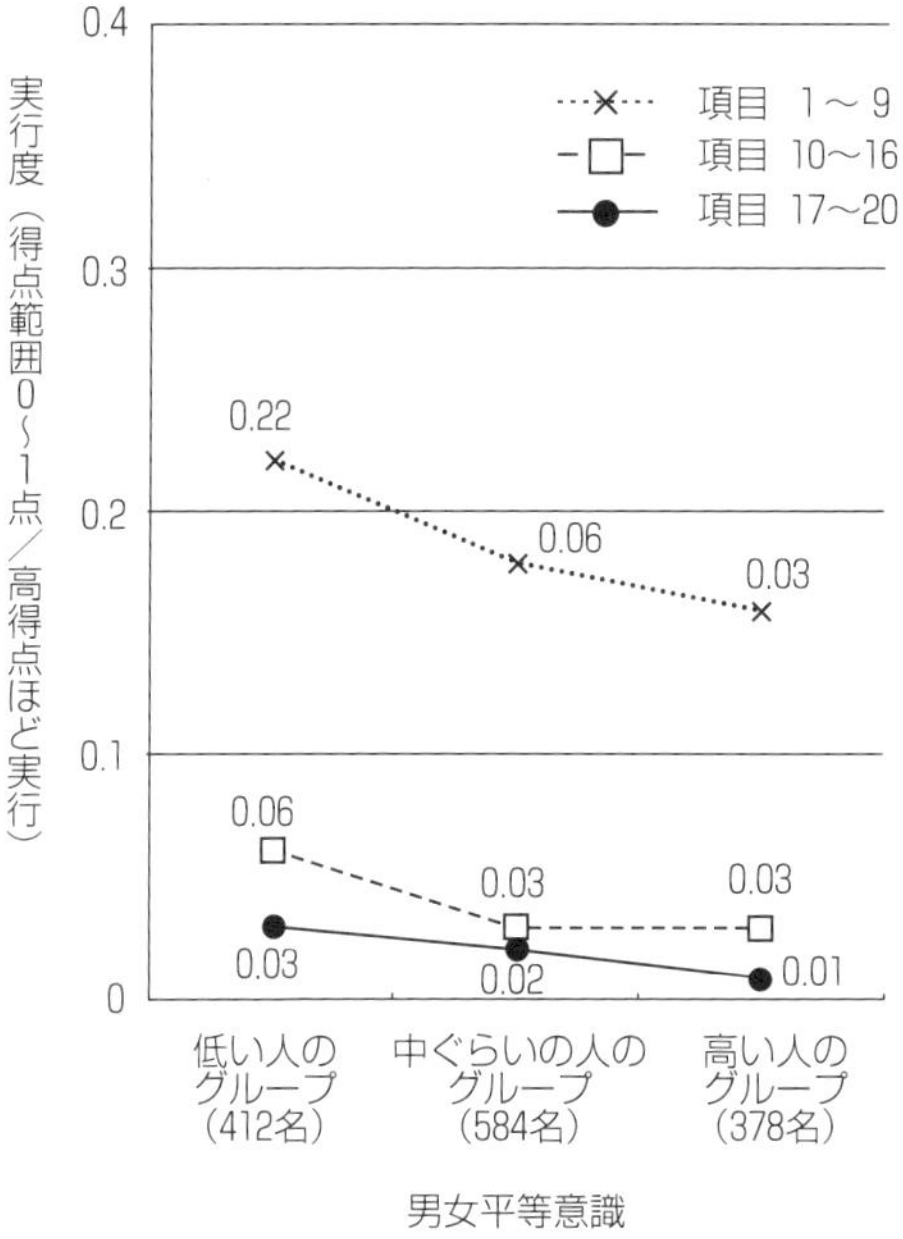

図 7-5　男女平等意識とセクシュアル・ハラスメント実行度との関係（同資料，1998）

な職場であるかどうかや、その人が一般的な男女平等観をもつ人かどうかで、セクシュアル・ハラスメントに対する考え方や実際の行為の程度が異なってくることがわかります。

　これに関連した資料として、労働省女性局（一九九八a）の分析があります。労働省女性局では、平成九年に行ったセクシュアル・ハラスメントの実態調査の結果を検討し、職場における女性労働者に対する意識を次のように分析しています。まず、セクシュアル・ハラスメントを引き起こす意識として、「女性を職場において対等なパートナーとして見ない」ことと「女性

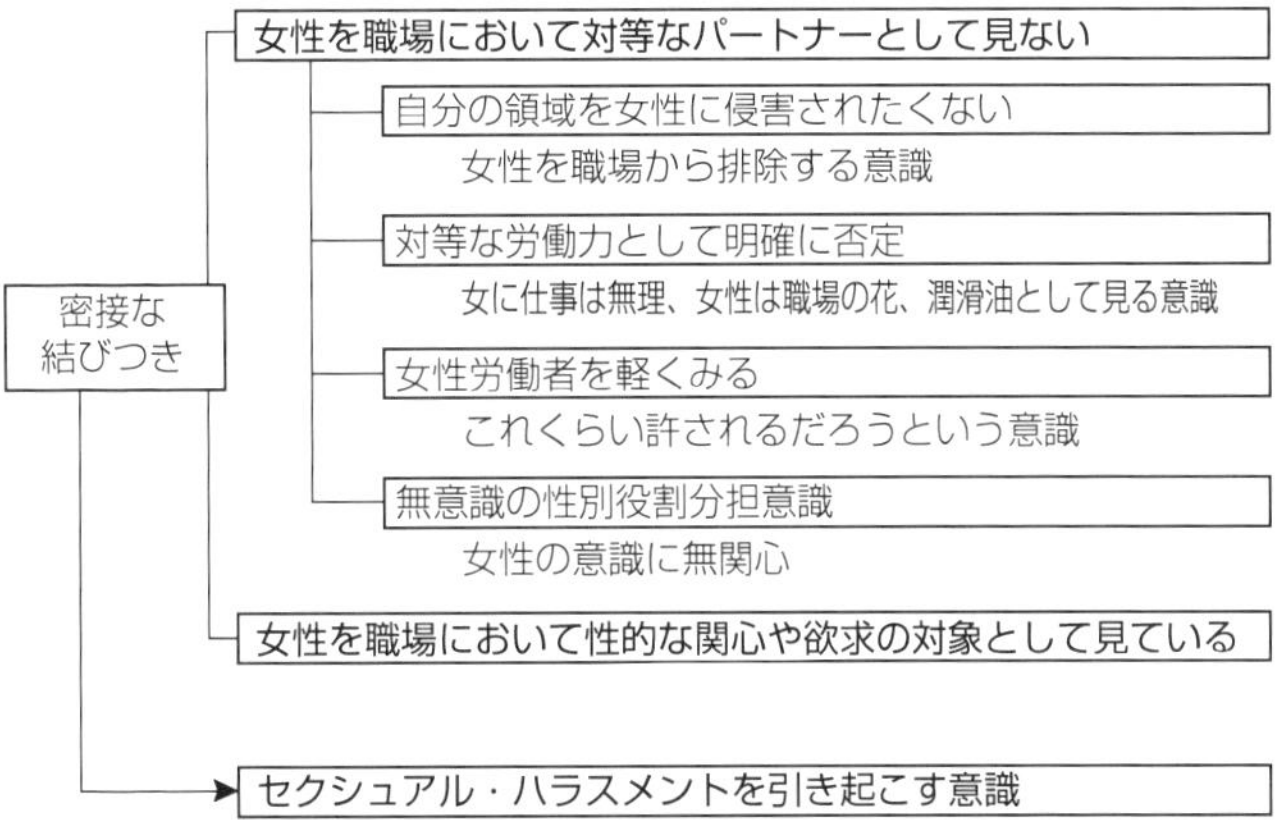

図 7-6　職場におけるセクシュアル・ハラスメントの起こる原因・背景
（労働省女性局，1998 a）

を職場において性的な関心や欲求の対象として見ている」ことの二つをあげています。さらに、女性を職場において対等なパートナーとして見ない意識を詳細に検討して、四つの側面を指摘しています（図7-6）。「自分の領域を女性に侵害されたくない」といった女性を職場から排除する意識、「女に仕事は無理、女性は職場の花、潤滑油としてみる」といった対等な労働力として明確に否定する意識、「これくらい許されるだろう」という女性労働者を軽く見る意識、「女性の意識に無関心」であるような無意識の性別役割分担意識の四つがそれです。これらの意識は男性側のシャドウ・ワークとして機能し、セクシュアル・ハラスメントに限らず、職場において性別の地位関係を規定する役割を果たしているものと思われます。

4　セクシュアル・ハラスメントを特徴づける力（パワー）

先にセクシュアル・ハラスメントは、ある特定の人が被害者となるというよりも、誰でも被害者になりうると述べましたが、それは職場における力（パワー）の構造が関係しているからです。

フィッツジェラルド（一九九〇）は「セクシュアル・ハラスメントは、公的な権限が異なる状況下で、性差別的もしくは性的な見解・要求・必要条件を導入したり強制したりすることによって、道具的な関係を性的な関係にすることによって成立する。嫌がらせ（ハラスメント）はまた、もしある行動がある女性にとって不快なものであれば、公的な地位の差が存在しなくとも起こりうる（田中、一九九六）」と言っています。ここでは、セクシュアル・ハラスメントの被害者と加害者の間にある職務地位の格差に言及していますが、同時に職務地位の差がなくても起こりうると述べています。

これをロビンス（一九九七）は力（パワー）の観点から述べています。彼によれば、セクシュアル・ハラスメントを行う相手が上司であろうと、同僚であろうと、部下であろうと、この観点から考えることができます。上司は職務地位の権力をもち、部下にとって重要な資源を支配しています。さらに悪いことに、上司が部下に対するセクシュアル・ハラスメントを、単に自分より職務地位の低いものに要求する権利の延長線上にあると考えている場合もあります。こういった職務地位権力をもつ上司からセクシュアル・ハラスメントを受けた場合、その職務地位権力ゆえに非常に困難な状態に陥ります。一方、職務地位権力が同等な同僚は、どのような力（パワー）を背景としてセクシュアル・ハラスメントを行うことができるのでしょうか。これは仕事を達成するために必要な情報や協力、支援の与奪をコントロールすることによって可能になります。特にチームワーキングが職場の仕事の基本となっている現代では、ダメージが非常に大きい場合があり、同僚からのセクシュアル・ハラスメントの被害は実際少なくありません。最後に、部下からのセクシュアル・ハラスメントですが、相手の伝統的な性別のステレオタイプを使って、上司をおとしめます。それは女性の上司であれば、女だから決断力がないとか、男性の上司であれば、男のくせに意気地がないとかといったかたちで行われます。これは部下が上司との職務地位による力（パワー）の差異を最小化するために行うとみられています。

人事院が平成九年に行ったセクシュアル・ハラスメント調査（一九九八）で、職場でセクシュアル・ハラスメント行為を行った者を地位別に見てみる（図7-7　複数回答）と、男女とも直接の上司や直接の上司より高い地位の上司（達）、その他の上司（達）が高い割合で報告されていますが、それと同様に、同僚からのセクシュアル・ハラスメントが女性で四四・四％、男性で四三・八％報告されています。また、部下からのセクシュアル・ハラスメントについても、女性では二〇人に一人、男性では一〇人に一人が報告していることがわかります。直属の上司に限らず、上司がセクシュアル・ハラスメント行為を行っていることは非常に問題ですが、同僚や部下からのセクシュアル・ハラスメントも無視できないことがわかります。

こういった職務地位の差を背景としないセクシュアル・ハラスメントは、先の名古屋市男女共同参画推進会議の調査で指摘された、男女不平等な職場で、一般的な男女不平等観をもっている人がセクシュアル・ハラスメント行為を行っていることを合わせて考えると、職場の力関係の乱用や調整以外にも、社会

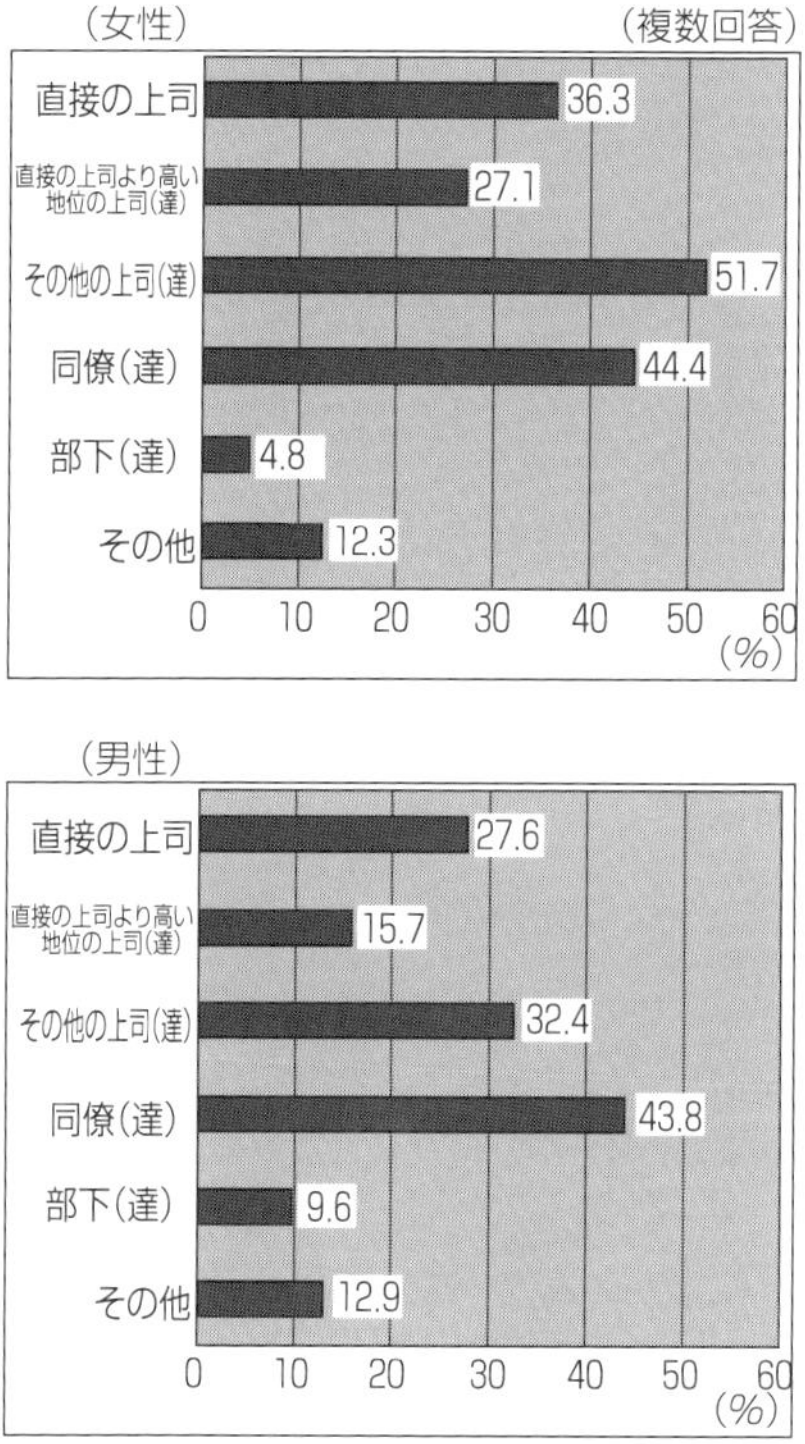

図 7-7　セクシュアル・ハラスメント行為を行った者（地位別）（人事院，1998）

的な力関係がセクシュアル・ハラスメントを生じさせていると考えることができます。ロビンスの主張では、セクシュアル・ハラスメントの被害者は女性に限らないことがわかりますが、しかし、フィッツジェラルドの定義で女性が特に強調されていることには、やはり伝統的な性役割観や体力など物理的な要件、妊娠の可能性など生物学的要件などの男女間の差異の観点から、女性が不利な立場に立たされていることが関係していると思われます。つまり、セクシュアル・ハラスメントは、職場における職位権力のみでなく、職場では直接に関係のない、性別あるいはジェンダーの地位を利用して起こりうるのです。職場において、女性と男性の地位は依然として、男性の方が高いと男性は思っていますし、さまざまな不平等は慣例化しており、女性もともするとそれに疑問をもちきれないことがあります。女性の方が必要のない場面で、思わず地位が低められたかたちの伝統的な性役割行動をとってしまうことはありがちです。そのため、そのジェンダーの地位の差を利用したセクシュアル・ハラスメントは決して少なくはないと思われます。

5　セクシュアル・ハラスメントの心理的影響

では、セクシュアル・ハラスメントを受けてしまった場合、どのような心理的影響があるのでしょうか。先ほどの名古屋市男女共同参画推進会議の調査では、セクシュアル・ハラスメントを受けたことのある人をジェンダーハラスメントを受けたことのある人、セクシュアル・ハラスメント／望まない性的注目を受けたことのある人、より重度のセクシュアル・ハラスメント／性的強制を受けたことのある人の三つのグループに分けて、その心理学的影響を調べています（表7-1　複数回答）。Aのジェンダーハラスメントを受けたことのある人については、八割近くがとくに影響はなかったと回答しているものの、約二割が仕事をやる気がなくなったと回答しています。セクシュアル・ハラスメントを受けたことのあるBとCの二つのグループでは、特に影響はなかったと回答した割合は四割程度であり、六割が何らかの影響を受けたことがわかります。その内容も「仕事をやる気がなくなった」「職場での口数が減った」「職場に行くのが嫌になったり、遅刻や欠勤が多くなった」などの仕事に関連したことがら以外に、「自分に自信をなくし

表 7-1　セクシュアル・ハラスメントのタイプ別にみた影響（一般職女性）
（名古屋市男女共同参画推進会議，1998）

	A ジェンダーハラスメントだけをされたことがある人	B セクシュアルハラスメント／望まない性的注目をされたことがある人	C より重度なセクシュアルハラスメント／性的強制を受けたことがある人
	100(100%)	96(100%)	278(100%)
1　仕事をやる気がなくなった	20(18.2)	29(30.2)	94(33.8)
2　仕事でミスやトラブルが増えた	1(0.9)	0(0.0)	11(4.0)
3　職場にいくのが嫌やになったり、遅刻や欠勤が多くなった	3(2.7)	5(5.2)	41(14.7)
4　職場での口数が減った	5(4.5)	13(13.5)	48(17.3)
5　食欲不振、吐き気、脱毛症などの身体症状が出た	1(4.5)	1(1.0)	12(4.3)
6　イライラしたり無気力になったり、ノイローゼ気味になるなど、精神的症状が出た	6(5.5)	7(7.3)	36(12.9)
7　男（女）の人を見ると緊張するようになった	0(0.0)	1(1.0)	14(5.0)
8　自分に自信をなくした	9(8.2)	14(14.6)	53(19.1)
9　自分が男性（女性）であることが、嫌やになった	4(3.6)	11(11.5)	29(10.4)
10　その他	1(1.2)	18(18.8)	47(16.9)
11　特に影響はなかった	66(76.7)	41(42.7)	103(37.1)

数値は人数（%）

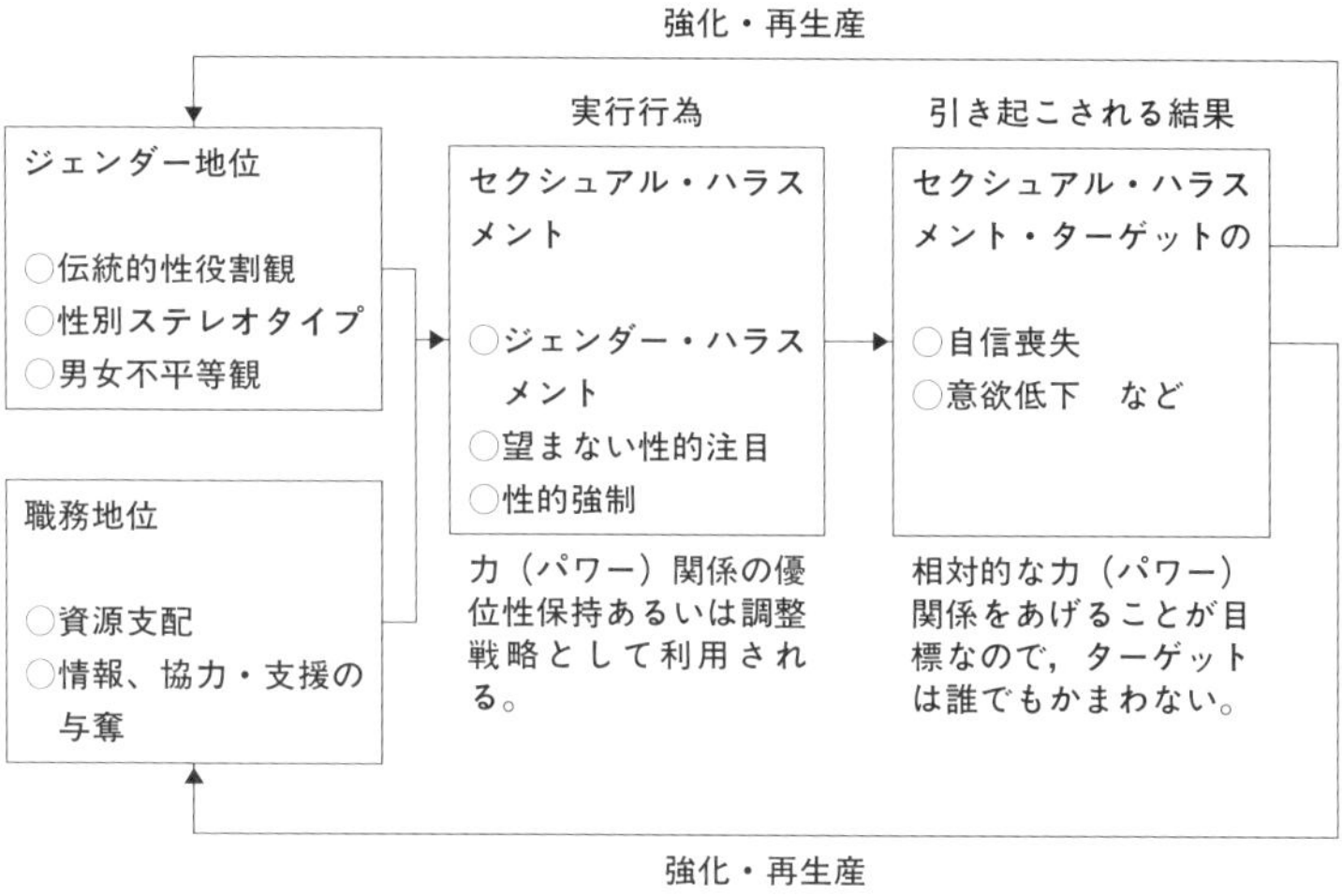

図 7-8　セクシュアル・ハラスメントの再生産モデル

た」「イライラしたり無気力になったり、ノイローゼ気味になるなど、精神的症状が出た」など、深刻です。これらのことから、セクシュアル・ハラスメントは性差別に基づいた行為であることは、先に述べましたが、さらに女性の自信を失わせたり、やる気をなくさせることによって、職場での性の差異を明確化し、性差別を再生産するメカニズムをもっていることがわかります。

　ここまで検討してきたセクシュアル・ハラスメントについて、そのメカニズムを図式化したのが、図7-8です。ジェンダー地位と職務地位は、特に男性優位な現状では混同されやすい一方、互いに有用な戦略としても利用されます。また、ジェンダー地位は男性から女性への関係のみでなく、女性から男性への関係や同性間においても相手をおとしめる手段として用いることが可能です。これらの力（パワー）関係の優位性保持あるいは調整は、相対的な地位を上げることが目標となるため、目標を効率的に達成するために、場合によってはターゲット（被害者）のもつ資源や地位などがターゲット選択に加味されることは考えられますが、それ以外は不特定の誰でも（男でも女でも、あなたでも私でも）かまわないということになります。これがはじめに誰でもターゲットになる可能性があると述べた根拠です。セクシュアル・ハラスメントによって引き起こされる結果は、ターゲット個人にとって重大であるのと同時に、ジェンダー地位や職務地位を再生産し、組織的・社会的な損失に結びつく点を無視することはできません。

6　セクシュアル・ハラスメントは組織や社会の問題

このように考えてきますと、セクシュアル・ハラスメントは被害者個人の問題ではなく、組織や社会の問題であるということをあらためて強調したいと思います。組織責任については、一九九九年四月に施行された改正男女雇用機会均等法にうたわれ、法的にはすでに明らかです（一三四頁参照）。

また、アメリカ合衆国においても、「歓迎されない性的接近、性的好意の要求及び他の性的性質を有する口頭又は身体上の行為は、以下のような場合セクシュアル・ハラスメントを構成し、公民権法第七〇三条に違反する。①このような行為への服従が個人の雇用の条件を構成する場合、②このような行為への服従又は拒絶がその個人に影響する雇用条件の決定の基礎として用いられる場合、③このような行為が個人の職務遂行を不当に阻害し、又は不快な労働環境を創出する目的又は効果をもつ場合。使用者は、当該行為の発生について無過失責任を負う。使用者は、予防措置を講じなければならない（ＥＥＯＣガイドライン）」（労働省女性局、一九九八ｂ）とあります。ここでも、管理責任が組織にあることが示されています。

セクシュアル・ハラスメントの問題を特定個人の問題と片づけず、組織・社会の問題として、すべての個人が関心をもち、取り組むことが必要でしょう。その際には、男女というくくりではなく、一人ひとりの性別をも含んだ個別性に注目した考え方が有効なのではないかと考えています。男女という、ステレオタイプに依拠しないということは、判断基準の複雑性が高まるために、実際非効率な部分も生じてくるわけですが、その複雑性を単一に切り捨てていては、その先の変化は期待できません。その複雑性を複雑なものとしてとらえてこそ、新しい進展もありえるのではないかと考えます。

引用・参考文献

Aronson, E.　1992　*The socail animal*（6th edition）.（古畑和孝監訳　一九九四　『ザ・ソーシャル・アニマル――人間行動の社会心理学的研究――』　サイエンス社）

Fitzgerald, L. F.　1990　Sexual harassment : The definition and measurement of a construct.　In M. A. Paludi（Ed.）, *Sexual harassment on college campuses : Abusing the ivory power*.　State University of New York Press. Pp. 25-47.

人事院セクシュアル・ハラスメント研究会（編）　一九九八　『公務職場におけるセクシュアル・ハラスメント防止対策の手引き』　財団法人公務研修協議会

名古屋市男女共同参画推進会議　一九九八　『セクシュアルハラスメント等に関する意識調査報告書』　名古屋市市民局市民文化部女性企画室

Robbins, S. P.　1997　*Essentials of organizational behavior*（5th edition）.（高木晴夫監訳　一九九七　『組織行動のマネジメント』　ダイヤモンド社）

労働省　一九九八　事業主が職場における性的な言動に起因する問題に対して雇用管理上配慮すべき事項についての指針　平成一〇年労働省告示第二〇号
労働省女性局（編）　一九九八a　『職場におけるセクシュアルハラスメント防止マニュアル』　財団法人二一世紀職業財団
労働省女性局（編著）　一九九八b　『改正男女雇用機会均等法等の早わかり』　財団法人労政行政研究所
労働省女性局（編）　一九九九　『平成一〇年度版女性労働白書――働く女性の実情――』
田中堅一郎　一九九六　セクシャル・ハラスメントに関する心理学的研究：文献的展望　国際経済論集（常葉学園浜松大学）、**三**（二）、一四九―一六〇頁。
田中堅一郎　一九九七　セクシャル・ハラスメントに関する心理学的研究（二）――セクシャル・ハラスメント評定尺度作成の試み　国際経済論集（常葉学園浜松大学）、**四**（二）、一九一―二〇二頁。

〈改正男女雇用機会均等法第二十一条〉

ここでは、一九九九年四月に施行された改正男女雇用機会均等法の中のセクシュアル・ハラスメントに関わる条文とその指針の概要についてみてみましょう。まず、左は条文です。

（職場における性的な言動に起因する問題に関する雇用管理上の配慮）
第二十一条　事業主は、職場において行われる性的な言動に対するその雇用する女性労働者の対応により当該女性労働者がその労働条件につき不利益を受け、又は当該性的な言動により当該女性労働者の就業環境が害されることのないよう雇用管理上必要な配慮をしなければならない。
二　労働大臣は、前項の規定に基づき事業主が配慮すべき事項についての指針を定めるものとする。

第二項で定められている指針は、一九九八年に「事業主が職場における性的な言動に起因する問題に関して雇用管理上配慮すべき事項についての指針（平成一〇年労働書告示第二〇号）」として告示されています。その概要ですが、まず、職場におけるセクシュアル・ハラスメントには、職場において行われる性的な言動に対する女性労働者の対応により、当該女性労働者がその労働条件につき不利益を受ける①対価型セクシュアル・ハラスメントと、当該性的な言動により女性労働者の就業環境が害される②環境型セクシュアル・ハラスメントがあるとし、さらにそれぞれ典型的な例をあげています。対価型セクシュアル・ハラスメントでは、「事業所内において事業主が女性労働者に対して性的な要求をしたが拒否されたため、当該女性労働者を解雇すること」や、「出張中の車中において上司が女性労働者の腰、胸等に触ったが、抵抗されたため、当該女性労働者について不利益な配置転換をすること」などをあげ、環境型セクシュアル・ハラスメントについては、「事業所内において事業主が女性労働者の腰、胸等に度々触ったため、当該女性労働者が苦痛に感じてその就業意識が低下していること」、「同僚が女性労働者に係る性的な内容の情報を意図的かつ継続的に流布したため、当該女性労働者が苦痛に感じて仕事が手につかないこと」などをあげています。

さらに、事業主が雇用管理上配慮すべき事項についてもまた具体的に定めています。配慮すべき事項とは、①事業主の方針の明確化及びその周知・啓発、②相談・苦情への対応、③職場におけるセクシュアル・ハラスメントが生じた場合における事後の迅速かつ適切な対応の三つです。この改正法における条文および指針の意義は、内容を具体的に示している点もさることながら、事業主の管理責任に言及している点にあると考えられます。単に個人的の問題ではなく、組織・社会の問題としてとらえていくこと、それはセクシュアル・ハラスメントの問題を解決していく重要な視点であると言えます。

第８章　家庭と職場のはざまでゆれ動く女と男のシャドウ・ワーク

第八章では、結婚生活を持続させるために繰り広げられるシャドウ・ワークについて書かれています。結婚した後、「こんなはずではなかった」と思うことが常ですが、そこを何とか幸せだと思いこむために、夫婦は解決策を練ります。しかしそれは、夫婦のすれ違いを容認するという形をとってしまうようです。夫婦の性役割分担は、すれ違いを「正当化」するのに役立っているのかもしれません。ただしそのツケは、思秋期以降に回ってきます。ここでは、夫の定年後のアイデンティティ崩壊危機と妻の孤独感を例に、家族のライフサイクルの遠景をながめます。

これまで恋人たちのシャドウ・ワークに始まって、若者たちの家意識から夫婦を中心とした家族と社会の関わりや、職場でのセクシュアル・ハラスメントなどの問題が論じられてきました。ここでは、あらためて家族のライフサイクルに着目し、家族の中で営まれる夫婦のシャドウ・ワークやそれが職場との関係でどのような結末を迎えるかを、私がこれまで取り組んできた研究などを通して描いてみたいと思います。

1　家庭における夫婦のシャドウ・ワーク

結婚、それは新たな女と男のシャドウ・ワークの始まり

女と男が結婚するということは当たり前のことであり、長い人生の中でも重要なイベントであり、それも喜ばしい出来事であると考える人が多数を占めるものと思われます。しかし、よくよく考えてみると、結婚しない男女の増加や同性愛者で共同生活を営む者も公認されようとしているご時世を考えれば女と男が結婚することが当然のこととは言い難いように思われるのです。たとえ結婚したとしても、愛し合って幸せな結婚をする者もいれば、出世や経済力の無さゆえにやむを得ず結婚する者もいるでしょうし、世間体を気にするがゆえの結婚だってあるでしょう。言いたいことは、結婚そのものが喜ばしい出来事と決めつけるのも、ある種の偏見であるように思われるということなのです。

今日、日本の結婚は八割以上を恋愛結婚が占めるようになり、アメリカの恋愛結婚の割合に近づきつつあります。その意味では、結婚は恋愛の最終目的となる出来事と言ってもよいように思われます。恋愛結婚もふたを開けてみれば複雑多岐にわたるものですし、上述したように、必ずしも幸せなものばかりでは

ないと思います。これはアメリカでの研究ですが、ホルムズとラーエ（一九六七）は、人生での日常的な出来事（四三項目）がどの程度、当該人物にストレスを与えるかを、配偶者の死を一〇〇点とした場合、離婚が第二位で七三点、第三位が夫婦の別居で六五点、失業が四七点で第八位に対して結婚が第七位で五〇点、妊娠が第一二位で四〇点となっていることを報告しています。つまり、結婚は愛し合って結婚するものではあるのですが、結婚生活がうまくいくかどうかは未知の世界の問題であり、未知の世界に一歩を踏み出すときに失業以上のストレスを感じざるを得ないのです。結婚式で見せる新婚夫婦の笑顔の裏では、そうした苦しみを乗り越えるべくゆれ動く心のエネルギー、まさにシャドウ・ワークの世界が広がっているのです。

新婚生活の中でうごめく女と男のシャドウ・ワーク

最近は、結婚してすぐに夫の実家や妻の実家に入るのではなく、将来どちらかの実家で親と同居するとしても、いったん夫婦二人だけの生活を過ごすケースが一般的となっています。そうしたなかで、結婚当初は多くの場合、夫婦の仲むつまじく幸せなひとときを過ごすカップルが多いものと思われます。それは結婚した以上、そのようにふるまわねば将来にわたって仲むつまじく過ごせる保証はないからです。たとえ、遊び心でのデキチャッタ結婚や義理人情に縛られて結婚に追いやられた、仕方なく結婚したカップルの場合でもそうせざるを得ないのではないでしょうか。フェスティンガー（一九五七）は、人間には自分自身の行動や意志決定が誤りであったと思えば認知的不協和（矛盾）に陥り不快な感情体験をすることになり、その不快な感情を除去するために何らかの行動を起こそうとしたり、自分の行動の誤りに対する認知を変えようとする傾向があること、そして人間は不快な感情体験を経験することが予測される場面や事物を本能的に避ける傾向があることを実験的に実証し、これを認知的不協和理論として提案しました。この理論によれば、仕方なく結婚したカップルの場合、結婚に至った事情を自ら認めたり、周囲の人たちから「仕方なく結婚した」とみられることは結婚した当人たちにとってみれば情けないことであり、不快な感情を体験することになるので、そうした不快な体験を避けるために「仕方なく結婚した」こと自体を認めようとはせず、仲むつまじくふるまおうとすることになります。

結婚すれば、世間は社会という枠組みの中で否が応でも当人たちを立派な責任ある社会人として扱うことになるでしょう。結婚して日が浅い夫婦がまず戸惑うのは、近隣との付き合いであり、団地の清掃作業にかり出されたり、町内会費を払わされたりと独身生活では考えられなかった出来事が次から次へと出てくるのです。夫婦は二人だけの甘い結婚生活を夢見ていたかもしれませんが、社会と直接向き合って生活していかねばならないことを思い知らされるのです。こうした生活体験は、夫婦を完成した大人に向かわしめる機会を提供すると同時に、夫婦に共同体意識を触発させるものでもあり、夫婦は世間を気にしながらも社会の中での存在感を確信させられるのです。

社会変動の中で変わる夫婦のシャドウ・ワーク――夫婦にしのびよる結婚幻想の崩壊――

夫婦は社会の中での存在感を確信することで新たな住民意識を形成し、快適な生活を求めて社会参加することになるでしょう。その中で、ある場合には小市民として自己利益を追求するかたちでの社会参加だってあると思います。またあるときには、夫婦は社会が自分たちを中心に動いているような錯覚に陥る場合だってあると思います。しかし、マクロな視点から見た場合、夫婦は社会の変化に応じて自らも変えられる運命にあるのです。別の言い方をすれば、社会は常に変化しており、何らかのかたちで夫婦個々人の意識や生活を変えるように作用していると言ってもよいでしょう。それゆえ、夫婦が家から一歩外に踏み出した瞬間に、夫婦それぞれが異なる社会の中に取り込まれていく、社会の中での居場所が違うと言ってもよいでしょう。

夫婦それぞれが仕事に打ち込んで充実感をもって生活していくことはとても大事なことですが、だからといって夫婦相互の意志疎通ができているわけでは必ずしもありません。夫婦の意志疎通は夫婦の愛情を高める上で重要であることは誰しも認めるところだと思います。しかし夫婦個々人の生活環境が同じでないことを考慮するなら、夫婦の意志疎通は必ずしもうまくいかず、意志疎通ができているような幻想を抱いている夫婦が多いのではないでしょうか。夫婦はお互いが理解し合えているような幻想に陥ったとしても、徐々にではありますが夫婦の間にすれ違いが生じ、居住空間を共有するためだけの夫婦関係が展開されていくことになる場合が多々見受けられるように思うのです。

かつて夫婦は結婚して一、二年はお互いの愛情を確かめるべく快楽の世界に浸り、お互いの愛の結晶を求めるべく子づくりに励み、子どもに恵まれれば子ども中心の家族を形成し、夫婦の隙間を子どもが埋め尽くしてくれていたのです。今日の団塊の世代にある夫婦たちの多くはそうだったと思います。しかしながら、今日の若い夫婦は積極的に子どもをもちたがらなくなってしまいました。一九九八年度厚生白書によれば、戦後の第一次ベビーブームの頃の一人の女性が一生のうちに産む子どもの数の平均（合計特殊出生率といいます）は、およそ四・三二人であったのですが、一九九六年には、一・四三人にまで低下していました。一九九八年度のマスコミ報道によれば、出生率はさらに低下しているのが実状です。

子どもを夫婦が産みたがらないのには、経済的事情や夫婦共働き家庭が増える中での育児施設の不足なども考えられますが、それ以上に重要な事情があるようです。それは夫婦の個人化の問題です。柏木（一九九八）は、女性にとって子どもの価値が社会変動の中で変わってきていることを指摘した上で、若い夫婦はお互いに「家族のために自分を犠牲にしたくない」という気持ちが強く、個人として自由に使える時間や経済を重視し、自分個人としての生き方を大切にしたいという気持ちが強いこと、そしてこのような個人化の価値観が高い夫婦ほど結婚満足度が高いことを指摘しています。つまり、今日の若い夫婦にとって子ども中心の家族観はもはや過去のものとなり、夫も妻もそれぞれ独自の充実感を追求し、子どもを産むことがその障害とはならないで、むしろプラスに作用すると確信できたときに子どもを望むことになるというわけです。

夫婦の相互理解

夫婦が幸せな結婚生活を営んでいく上でお互いの相互理解が不可欠な条件であることはいうまでもないことです。その相互理解を脅かすのが前に述べた「夫婦のすれ違い」現象だと思います。「夫婦のすれ違い」現象をジョハリの「心の四つの窓」（図8-1）を用いて考えてみましょう。第一の開放された窓は夫婦がともに知り合っている部分です。この窓の占める面積が広いほど夫婦は相互理解ができているとみなしてよいでしょう。これに対して第四の未知の窓は妻も夫も気づいていない部分であり、「夫婦のすれ違い」の根源をなす部分なのです。この部分の面積が広ければ広いほどお互いが相手を理解することができなくなることを示しているのです。

かつて見合い結婚が主流であった頃は、第四の未知の部分が多いことを前提に女と男が結ばれ、「夫婦がお互いに痒いところまで手が届くのに三〇年」のたとえのごとく、時間をかけて第一の開放された窓の部分を拡げていったことが考えられます。しかし、恋愛結婚が主流になった今日では、夫婦は第一の開放された窓が多くを占めているという認識、ないしはそういった幻想のもとに結婚を決意するのです。しかしながら、実際に結婚してみると相手との食習慣の違いやそれまでに気づかなかった相手の性格や性癖に気づかされることが多いのです。この場合は、妻は気づいていても夫が自覚していない第二の盲点の窓や、交際中に少しでも相手に自分を良く見せようとしてお互いが隠し合っている第三の隠された窓の部分に対応しているものと考えられます。ちなみに、第三の窓の部分の相手に少しでも良く見せようとして日頃の自分とは異なる行動をとる傾向のことを社会心理学では印象操作とよんでいます。印象操作は、必ずしも悪いことではなく、お互いをより魅力あるものとして恋愛感情を高める上でも有効に作用するものでもあります。この印象操作という行動も、結婚という恋愛行動の目的を遂げた段階を契機に、次第に低減し、お互いがありのままの自分をさらけ出すようになります。その意味では、第一の開放された窓が拡がりを見せることが考えられます。お互いが遠慮しなくなり、本当の自分を相手に見

		妻（夫）が 知っている部分	妻（夫）が 知らない部分
夫（妻）が	知っている部分	第一の窓 開放された窓	第二の窓 盲点の窓
	知らない部分	第三の窓 隠された窓	第四の窓 未知の窓

図 8-1　夫婦の「心の四つの窓」
（ジョハリの「心の四つの窓」を参考に作成）

せるようになると、相手に伝えてなかったか伝えられなかった自分の欲求や考えを述べたり、それを行動に移そうとするようになると、お互いが理解し合えることと理解できないことがあることに気づかされることになるのです。その際、お互いが理解し合えている、お互いが理解し合いながら夫婦生活を送ることができる、といった確信のもとに結婚を決意した二人にとって、お互いに理解できないことや相手の嫌な面の方が目につきやすく、お互いの問題を解消するために、女と男のシャドウ・ワークともいうべきいろいろな駆け引きが繰り広げられることになります。そこには当然、相手が変わってくれることへの期待感が存在し、二人の期待感が高ければ高いほど、お互いが葛藤状態に陥りやすく、ときには夫婦が険悪な仲にエスカレートしていくことさえあります。多くの夫婦は、そうしたリスクを避けるべく、お互いの個を重視することによって別々の生き方や考え方を認めあい、問題を問題としないのが利口な大人であるといったような割り切り方をするのではないでしょうか。このことは、夫婦が第四の未知の窓を拡げ、夫婦のすれ違いを容認していることを意味しているのです。

子産みによる心の四つの窓の再調整への試み

「心の四つの窓」の中の第四の未知の窓の拡大は、産業構造の変化と個人の価値観の多様化、とりわけサラリーマン社会の肥大化と価値観の多様化の受け皿となる人的・物質的資源の急激な商品化によってもたらされたといってもよいように思われます。サラリーマン社会の肥大化は、農業や漁業をはじめとする自営業のような夫婦の共同生活の中で生産活動がなされるのとは異なり、夫婦が別々の場で労働に携わることを余儀なくされてきたと言えましょう。そうした生活環境の違いは夫婦が同じような価値観を共有することを困難にしてきたと言ってよいでしょう。

家族の個々人が独自の価値観を形成し、充実した人生を送ることに少しも異存はありません。ただそこで問題となるのは家族が共同生活していることの意味が問題となるのです。このことは、夫婦が性（sex）を共有することの意味が不明確なものとなってしまうことを同時に意味しているといえるでしょう。夫婦、とりわけ妻は、夫婦生活の味気なさを感じ、夫婦のすれ違いにうすうすながら気づいたとき、子産み願望を募らせていくことが考えられます。そうすることによってお互いの未知の窓を小さくし、第一の開放された窓を拡張しようと試みるのです。多くの夫婦はそのような事情から子産みを選択することになるのですが、子どもが産声をあげたとたんに夫婦は「私とあなたの関係」から「父親と母親の関係」に転換するのです。この際重要なことは、妻も夫も家事育児は女の仕事といった伝統的な性別役割意識に根ざした社会的性としてのジェンダーの問題に目覚めているか否かで、夫婦相互の第一の開放された窓の大きさに違いが生じてくることが考えられます。妻も夫も親として家事育児に積極的に関わり合う中で夫婦相互の開放された窓は子どもを媒介として新たな拡がりをみせることができるものと思われます。これに対して、夫婦のいずれかが、多くの場合夫ですが、家事・育児を回避しようとして相互協力が成立しない場合には、心の四つの窓の再調整は困難なものとなるでしょう。

2　家庭と職場のはざまでゆれ動くシャドウ・ワーク

思秋期の女と男のシャドウ・ワーク

今日、ほとんどの国語事典や心理学関係の辞書にも取り上げられてはいないのですが、心理学者たちがときおり使用する言葉に思秋期という言葉があります。思秋期という言葉は一見すると昔からあった言葉のように感じられるかもしれませんが、実はそうではないのです。一九七〇年代に河合（一九八四）によって提出された造語であり、決して古い言葉ではないのです。河合によれば、人生に思春期があるように思秋期というものがあり、男女とも思春期に性という問題に出くわすように、思秋期では死への準備の問題が始まり、思秋期は四〇歳から五〇歳の間に来るものとされています。そして昔は思秋期が長びくことなく、またたくまに死がやってきたのですが、今日では医学の発達などで寿命も延び、思秋期の苦しみを長びかせることになり、そうした中でギャンブル、女、酒、といったいろいろな問題に出くわすようになるというわけです。河合が表現した「思秋期の苦しみ」というのは、四〇歳を過ぎた男女が新たな性や生き方の問題と向き合わなくてはならなくなったことを意味しているように思われます。今日、思秋期の離婚が増大している問題なども、河合の指摘どおりなのかもしれません。そうした思秋期の厄介な問題に出くわした女性たちを見事に描写したのが斎藤（一九九三）の「妻たちの思秋期」でした。斎藤が描いた妻たちの思秋期は、日本が高度成長期を終えたオイルショック後のバブルを迎える時代を舞台に、夫に尽くしながらも孤独感にさいなまされてアルコール中毒に陥った妻たちをモデルにしたものでした。この本が最初に出版された一九八三年当時と較べて、今日の日本は構造的不況に見舞われ、企業倒産や企業のリストラで職場を失った多くの失業者に悩まされる事態に陥っています。そして当時と大きく異なるのは、超高齢化社会が進む中で、晩婚化が進み、男女の結婚適齢期が上昇してきているということです。その意味では、河合が提出した思秋期の時期や意味合いも変わってきているように筆者には思えるのです。昨今のマスコミのリストラや転職に関する記事の対象者が五〇歳前後であることが多いことを考慮するなら、思秋期の始まりは五〇歳代前後に移行し、妻と同様に夫たちもさまよっている状況が現実の姿ではないかと思われるのです。

ここでは、そうした感じの思秋期を迎えた女と男の現状と彼らの意識が変化していく過程の中でみられるさまざまなシャドウ・ワーク（それは人生の終末期の入り口に立って新たなアイデンティティの再構築に向けて費やされるエネルギーと言ってもよいと思われるのですが）に焦点を当てながら、同時に彼らのシャドウ・ワークの展開の仕方を規定すると思われる諸要因、具体的には思秋期を迎えるまでの生活体験や職場と家庭の関連性などについて述べていきたいと思います。

思秋期の女と男の意識のギャップ

「日本人はよく働く」「まじめで達成欲求の強い国民性を有している」とよく言われます。確かに戦争で敗北し、すべてが無の状態であったにもかかわらず、世界の中でも一、二を争う経済大国になった背景には、国民のたゆまぬ努力があったことは誰もが認めるところでしょう。その努力をもたらしたのは、前述しましたように、サラリーマン社会への急激な転換でした。そして、サラリーマン社会は夫たちが企業戦士になることを要求すると同時に、労働者の高学歴化とそれによる受験戦争を必然的に引き起こしたのでした。その副産物として、企業内家族という言葉が象徴するように、職場と家庭との新たな結びつきが創出され、夫婦は会社の浮き沈みに翻弄されながら、新たな役割関係を形成することが求められることになったのです。夫は家庭を犠牲にしても企業戦士としてひたすら会社人間として働き、上司部下や同僚との人間関係の中でアイデンティティを確立することが常識化していたと言ってよいでしょう。これに対して、妻は夫の昇進を願って夫に尽くすべく良き妻としてふるまい、子どもが受験戦争に打ち勝てることを願ってよき母親として機能することで妻としてのアイデンティティを確立することが要請されることになったのでした。結果としてみれば、サラリーマン社会が発展していく中で夫と家族、とりわけ妻との関係が分断されることになったのです。

そんな中で、妻と夫の社会観や社会との結びつきは異なったものになってきます。夫は職場での仕事や人間関係の中で社会とのつながりをもつのに対して、妻は近隣の主婦や子どもの通う学校や塾を中心とした社会と接する中で、子どもの受験勉強を左右する偏差値に振り回されることになっていったのです。夫の単身赴任は、子どもの受験勉強を重く見る妻と、会社人間を貫いていこうとする夫との意識のズレを端的に示した現象と言ってよいでしょう。

思秋期の妻の孤独感

子どもが高校を卒業して就職したり、大学や短大に入学し、親の管理や統制が効かなくなった頃、思秋期の男女は新たな課題を突きつけられることとなります。それは、これまでの日常生活の中で夫婦が確立・維持してきたアイデンティティ崩壊の危機に立たされるゆゆしき問題に遭遇することを意味しているのです。このやっかいな問題に最初に遭遇するのは母親としてアイデンティティを確立してきた妻でしょう。子どもが高校を卒業し、就職や進学を機会に自立して一人前の大人としてふるまおうとすればするほど、これまで母親としての地位を築いてきた妻の位置づけは否定されたことになります。妻はそうした体験をする中で、夫に対する妻の位置づけを明確にし、妻としてのアイデンティティの再確立を試みるのですが、会社人間としてアイデンティティを確立している夫にはそのことが理解できないのです。既に述べたことですが、「夫婦のすれ違い」が長年にわたって蓄積されていたことに気づかせられた妻は、言葉では言い表わしがたい寂寥感にさいなまれることになるのです。

筆者（一九九八）は六月に短期大学一、二年生とその母親を対象とした母子密着と母親の孤独感に関する調査を実施しました。この調査で使用した調査項目は、一般には心理テストとよばれているようなものなのですが、諸井（一九九五）の作成によるＵＣＬＡ孤独感尺度の日本版尺度と、母親の孤独感を規定すると考えられる、母子間の愛情の強さや母子間の相互理解を中心とした筆者作成の母子密着尺度、夫婦仲の良さ尺度、夫の仕事中心主義尺度で構成されていました。調査結果を分析してみて驚いたことは、母子ともに夫婦仲の良さと夫の仕事中心主義はマイナス〇・七前後の非常に高い負の相関関係にあることが明らかになったことでした。つまり、仕事熱心な夫は妻からみても娘の目を通してみても良い夫（父親）とは言えないことを示していたのです。そして夫の仕事中心主義は妻の孤独感と正の相関を示し、夫が仕事に夢中になっている中で妻が孤独感を高めることを示していたのでした。この調査でさらに興味深い結果は、母子密着尺度に対する回答の母子間のズレをみたところ、一年生の母子間のズレは二年生のズレより遙かに大きく、一年生の母親が母子密着傾向を高めれば高めるほど母子間のズレが高くなる（両者は統計的に有意な正の相関〇・四七七を示していた）傾向を示していたのでした。調査の実施時期が六月であったことを考えれば、一年生の母親は娘との関わりを高校時代の延長線上で捉えようとしているのに対して、娘は高校時代までの母親との関わり方を否定し、自立しようとしていることがうかがわれるのです。これに対して二年生の母親は、娘が就職活動したり恋人がいることなどに気づいて新たな母子関係を構築していく様子が読み取れると同時に、母親自身の孤独感は一年生の母親よりも高くなっていたのです。

女の強さと男のもろさ――女に三界の家あり――

思秋期に孤独な状態に陥るのは女だけではありません、当然男だって孤独なのです。家族のためと思って仕事に没頭している気持ちでいる夫は、家族が仕事のことをちっとも理解してくれないと感じることがあります。休日とはいえ仕事上やむなくゴルフに出かける夫に対して冷たい家族の視線を浴びるのは夫にとっては切ないものと言えるでしょう。男がアイデンティティ崩壊の危機に陥りやすいのは定年前後の五〇歳代から六〇歳代前半のように思われます。五〇歳代になると定年後をどう過ごすべきか、子どもが社会的に自立していればなおさらそのことが気になってきます。そこで考えられることは、妻との共生の仕方を改善しようとした妻への甘えに基づく依存感情の芽生えです。しかし、その段階ではほとんど手遅れと言ってよく、夫との関係の中で妻としてのアイデンティティの再確立を試みて失敗したことを体験した妻は、夫を容易には受け容れようとはしないのです。夫はそこで夫婦の間に思ってもみなかった心のギャップがあることに気づかされるのです。五〇歳代の男性の自殺の増加や思秋期の離婚の増加の背景にはそうした男心のメカニズムが働いていることが考えられます。

筆者（一九九〇）は女子短大二年生の両親を対象とした幼少期から調査時点に至る生活体験と彼らの現在の生活充実感に関する質問紙調査を実施したことがあります。回答結果を統計的に分析した結果は、父親と母親の生活充実度を規定していると考えられる生活体験はまったく異なったものでした。父親の方は「子どもの頃よく勉強できた」「子どもの頃の家族の嫌な思い出」「小学校時代が楽しかった」といった子ども時代の生活体験が現在の生活充実感に影響していることを示していたのに対して、母親の方は「夫婦関係の相互理解の程度」「現在の家族のきょうだい数」「夫婦関係の良さ」などの現在の家族関係が影響していたのでした。

実はこの研究を学会で発表した際、「女に三界に家なしか」という副題を付していたものですから、参加者の先生の中から「男は三界に家なし、女は三界に家ありということですね」と言われたのです。まさにその先生が言われたとおりで、女は幼い頃から嫁に行った先でも適応できるように育てられ、生活状況の変化に対する適応力を身に付けているのに対して、男はそのようには育てられておらず、親の意に沿うように勉強に励み、その延長線上に今日の職業的・社会的地位を確立してきたことから、定年退職をむかえる段階でアイデンティティの再確立ができるような適応力をもち合わせていないのです。

ジェンダー・アイデンティティの危機——女と男のボーダレス化が進む中で——

思秋期を終えようとする頃、男も女も逃れられないゆゆしき問題は、肉体的・精力的な衰えです。女性に更年期が訪れるように、男性とて同様な問題が起きてくるのです。最近アメリカで開発された回春剤のバイアグラが日本の中でも高値で取り引きされ、その副作用で命を亡くす男性が少なくないことが報道されています。男はいつまでも男でありたいという欲望を象徴したような現象のように思われます。女もきっとそうでしょう。しかしながら、人によって違いはあるものの、寄る年波には勝てないもので、女も男も心身ともに衰えることには逆らえないもののように思われます。

女も男も思秋期後の老人期を二〇年から三〇年生きなければならない。河合が指摘していたように医療が発展し死期が人工的に延ばされている中で、思秋期の女と男は思秋期後の長い人生をどう生き抜くかという課題を突きつけられることになるのです。そこでは女も男もジェンダー・アイデンティティを喪失する危機に立たされ、年老いた女と男のシャドウ・ワークが繰り広げられることになるのです。そのやりとりの中で、男性は経済力に物言わせて維持してきた男性優位の考え方を捨て去ることを余儀なくされることになるのでしょう。育児も就労もない老夫婦の世帯では、男女役割のボーダーは消滅し、性役割分業は無意味なものになっていくことが考えられます。このことは、老夫婦がそれまで過ごしてきた女と男の社会からの脱皮を意味していると言えるでしょう。その意味では、思秋期の女と男は互いに異性の役割を兼ね備えていないと、老人期を有意義に生き抜いていくことは難しくなるのではないでしょうか。このことは、思秋期以降をどのように生きるかという問題だけでなく、二一世紀を生きる女と男に課せられた重要なテーマでもあるように思われます。

引用・参考文献

Festinger, L.　1957　A theory of cognitive dissonance.　Evanston, Ill.: Row Perterson（末永俊郎監訳　一九六五

『認知的不協和の理論』　誠信書房）

藤田達雄　一九九〇　生家族と婚家族に関する研究（一）——女は三界に家なしか？——　日本心理学会　第五四回大会発表論文集　一七九頁。

藤田達雄　一九九八　思秋期前の妻の孤独感と母子密着に関する研究　日本グループ・ダイナミックス学会　第四六回大会発表論文集　九四-九五頁。

Holmes, T. H., & Rahe, R. H.　1967　The social readjustment rating scale. *Journal of Psychosomatic Research*, **11**, 213-218.

柏木恵子　一九九八　社会変動と家族発達　柏木恵子（編）『結婚・家族の心理学——家族の発達・個人の発達——』　ミネルヴァ書房

河合隼雄　一九八四　『働きざかりの心理学』　ＰＨＰ文庫

諸井克英　一九九五　『孤独感に関する社会心理学的研究』　風間書房

斎藤茂男　一九九三　『ルポルタージュ日本の情景—「妻たちの思秋期」』　岩波書店

第9章　多様な働き方,生き方とジェンダー

第九章では、目前にせまった二一世紀の日本社会と家族の関係について、予見されています。社会全体が個人の多様性を容認する方へ動きつつある現在、家族のあり方や夫婦の役割分担のしかたも多様になると考えられます。「個人的」な夫婦関係においても、お互いが経済的にも精神的にも自立して、社会と直接つながっていくことになりそうです。これにより、自己で責任を担い、自己決定のできる、自立した個人同士が支え合うような社会が作られると、筆者は予想しています。

1　多様なものから選ぶ

お盆を手にして自分の欲しい皿を選ぶ方式の食堂をカフェテリアといいます。学食や社員食堂などでよく見かけます。何かサービスを受けるとき、ただ決まったものを受け取るのではなく、自分で選ぶような方法を、この食堂になぞらえて「カフェテリア方式」とよぶことがよくあります

二〇〇〇年四月施行の公的介護保険制度は、そのよい例です。これまでの高齢者福祉とは異なり、支援や介護の必要な高齢者自身が、専門の担当者と相談しながら必要なサービスを選んでいくわけです。もちろん介護保険は、少子高齢化が進む中、財政の負担を少しでも減らすために出来上がったしくみでもあります。しかし、「自分の生活に関わることを自分で決める」という態度が、老若男女の市民に求められる時代になったことは確かでしょう。

企業の中の制度でも「カフェテリア方式」が登場してきました。企業は雇用者に労働の対価として賃金を支払いますが、これ以外に社宅や住宅補助、レクリエーション施設など、福利厚生の制度を設けています。この制度を見直して、多様なメニューを設定し、その中から個々が必要なものを選ぶようにする「カフェテリア方式」の福利厚生制度を採用する企業が、わずかずつですが増えてきました。

たとえば、ポイント制をとっているある企業では、年間に消化できる総ポイント数を設定し、それを必要なだけ消費する仕組みにしています。たとえば、シングルの若い社員は、介護休業や育児休業を使う機会はあまりないでしょうから、その代わりに、スポーツジムの利用料としてポイントを消化したり、キャ

リアアップにつながるような講座に通ったりということが可能になります。小さな子どものいる社員だったら、ベビーシッターの補助などにかなりポイントを費やさなければならないでしょうが、その分、安心して仕事を続けられるわけです。企業によっては、こうした福利厚生制度そのものをかなりリストラして、その分を現金に換算し賞与や能力給に上乗せするところも出てきました。

こうした見直しが広がった背景には、経済成長が頭打ちになって、福利厚生費の負担を引き締めざるを得ないという企業の経営上の理由があります。それだけにとどまらず、働く側の価値観やニーズが大きく変化してきたことも見逃せないでしょう。

日本社会全体が貧しかった頃は、たとえば社内運動会も貴重な楽しみの場だったかもしれません。しかし、今は会社以外の場でも遊び場はいくらでもありますし、会社外の友人もたくさんできる時代になりました。一方、高齢化が進み、退職金や年金、介護関連の制度の必要性は高まっています。そして、女性が多く働くようになったことも、福利厚生の多様なニーズを招きました。カフェテリアプランや現金支給は、こうした変化に対応したものといえます。それはまた、会社に寄りかからずに、自分の責任で生活設計をする技量が問われる時代だともいえるでしょう。

誰もが同じように生きているわけではない――当たり前のように聞こえますが、どうも戦後日本社会にあっては、こんな当たり前の考え方は、あまりはっきりと自覚されたり、強く主張されたりしてこなかったように見受けられます。生活の目標も価値観も、家族のあり方も、生活習慣やライフスタイルも、実は一人ひとり異なるはずなのに、なぜか隣人も自分と同じであろうと類推して成り立ってきた社会、それが戦後、とくに高度経済成長期以降の日本社会だったのではないでしょうか。

介護保険制度も、企業の新しい福利厚生制度も、多様なものから選ぶことが基本にあります。自己決定、自己責任という言葉を最近よく耳にしますが、多様な生き方に合わせた多様なメニューがあるからこそ「選ぶ」ことは意味をもちます。社会全体が本当に「カフェテリア型」になっていくかどうかはまだわかりませんが、少なくとも「いろいろなメニューがあった方が楽しい」という程度の合意はできてきたのではないでしょうか。

多様性を肯定する方向へ社会が変わってきつつあるとすれば、その変化はどんな所に端的に現われているのでしょうか。企業、そしてそれを支えてきた家族のかたちが、いま大きく変わってきたといえます。企業の変化は、終身雇用、年功賃金などを基本とする日本的雇用制度が崩れてきたことに見られます。前述した福利厚生制度の見直しも、実は雇用システムの変化のひとつなのです。この変化はもちろん、企業が人事コストを引き下げざるを得なくなったことから生じたものですが、その底流にある家族のあり方、特に女性、男性という社会的文化的な性役割、つまりジェンダーの変化を追っていかないと、見えてこないものがあります。

以下の項では、まず日本型雇用制度の変化とはどんなものなのかを簡単に述べ、その上で、その制度を支えてきた家族とジェンダーのあり方の何が変わったのか、そしてこれからの仕事、生活、そして社会のビジョンをどう描いていったらいいのかを考えていきたいと思います。

2　日本型雇用システムの変化が進む

日本社会がこうして、価値観やライフスタイルの多様性を肯定する方向へ向かいはじめたのは、この一〇年ほどの変化だといえます。その要因としてはさまざまなものが考えられますが、私たちの生活の中で実感としてはっきりあるのは、いわゆるバブル経済の崩壊で、右肩上がりの経済成長が終わったことでしょう。「良い学校に入って、良い会社に入る」というひとつの価値観だけに頼っていることの危うさが明らかになり、「豊かさ」というものを根本から問い直さざるを得なくなりました。

企業も方針の転換を余儀なくされました。これ以上の経済成長が望めない時代になり、人件費も引き下げなくては企業経営が立ち行かないようになりました。日本では当たり前のように受け入れられていた終身雇用や年功序列賃金の制度を改め、年棒制や能力給を導入したり、希望を募って退職金を前払いする制度を取り入れる企業も出てきました。

終身雇用制とは、いったん入社した会社に定年退職をするまで勤め続けることを前提として、賃金やさまざまな制度が決められていることを指します。年功賃金とは、年々年をとるにしたがって、賃金が着実に増え続けることを意味します。一つの会社に勤め続ける限りは、安定した生活が保障されるというわけです。しかし、違う面から見ると、たとえば途中で会社をやめて転職した人、育児や介護でいったん仕事を離れてから再就職を目指す人、などにとっては、この制度は有利といえません。また、年をとるにつれ、難しい仕事ができるようになったり、高度な技術を身につけたりする場合はいいのですが、若いのに高度な仕事をまかせられているような人は、不公平感を抱くことにもなります。

実際の仕事に見合う給料を、という年棒制や能力給には、こうした欠点を補うという期待も寄せられました。ただし、難しいところもあります。仕事の能力や成果を客観的に評価するのは、意外に難しいものです。学力テストや通信簿のようなわけにはいきません。仕事というものの中には、売り上げなどの数字やかたちに現われない部分もあるからです。また、評価は人と人の間で行われるものですから、「何となくうまが合わないやつだ」「女性はどうせ結婚でやめるからなあ」などという個人的な好き嫌いや偏見が、働く人の生活を左右することにもなりかねません。

労働省では、研究者などに依頼して日本的雇用制度研究会を設け、九五年に報告書をまとめています。この報告書では、終身雇用制と年功制を日本的雇用の特徴としてあげ、「昭和三〇年代、四〇年代に我が国経済社会が飛躍的な発展を遂げる中で確立するとともに、持続的な経済成長の原動力ともなり、いっそう定着していった」と説明しています。しかし、企業の経営環境が厳しくなったことに加え、団塊の世代を中心とする中高年の処遇、少子化による若い労働力の減少が深刻になったと変化を指摘しています。将来像として、終身雇用制はある程度維持される一方で、年功制はかたちを変え、いわゆる「実力主義」の傾向が強まると、この研究会ではみています。その上で、評価のしかたを公平にすること、キャリアや能力を開発する機会を増やすこと、そして女性や高齢者など多様な人材が、企業の中で働けるようなシステムをつくることなどを提言しています。

3　さまざまな働き方が生まれてきている

一つの企業に長く勤めた方がいいか、専門知識や技術を身につけて転職を重ねていった方が有利か、働く側も自分の生活設計と働き方を見比べながら判断しなければなりません。不況によって失業率は高まってはいますが、完全失業者の約四割は、自分の都合で仕事をやめ新しい仕事を探している「自発的失業者」だといわれます。仕事をやめたり、変わったりすることに対して、若い世代は特に以前ほど強い抵抗を感じなくなっているようです。

どんな働き方をしたいかという希望も、さまざまになりました。都合に合わせて時間を短縮して働くパート勤務、専門の仕事領域を決め企業に出向いて働く派遣社員なども増えました。もちろん、正規の雇用に比べると、労働条件や賃金などまだ問題は残されていますが、働き方の選択肢が広がったのは確かでしょう。また、自宅で働く在宅勤務、いわゆるＳＯＨＯ（スモールオフィス・ホームオフィス）などへの関心も高まっています。

こうした変化を促したひとつの要因として、企業で働く女性の増加があげられます。八六年に施行された男女雇用機会均等法は改正され、九九年四月からより厳しい内容のものへと変わりました。女性と男性がともに働く風景は、均質な組織を良しとしてきた日本社会が、ひとつの転換点に立ったことを象徴しています。

改正均等法では、募集・採用、配置・昇進についての女性差別を、従来の「努力義務」からより厳しい

「禁止」規定としました。これまでは女性の雇用を増やすとして認められていた「女子のみ」の募集や配置も、原則としては禁止されました。また、セクシュアル・ハラスメント防止への配慮も企業に求められるようになりました。一方で、同時に行われた労働基準法の改正で、女性の時間外労働や深夜業の規制はなくなり、働く側も相応の負担と意識の変革を迫られるようになったこともまた確かです。

終身雇用、年功賃金を基本とする日本型雇用制度は、主に大企業において、会社という組織は均質であるという前提のもとにつくられてきました。誰もが同じような働き方が可能であり、同じような目標をもっており、同じようなかたちの家族を営んでいるというわけです。しかし、女性や高齢者など労働市場へ参入し、若い世代の意識も変わってきました。だれもが、同じような目標やライフスタイルをもっているわけではなく、雇用形態や労働時間も人それぞれになりました。

女性の雇用や登用を進めるための基本方針として「ダイバーシティ（多様性）」という考え方を取り入れている企業も出てきました。これまでの男性中心の企業のあり方に女性が同化するのではなく、「異なる個性や価値観の人間が共に働くことが、企業を活性化し、ビジネス上でも利益を生む」というのが考え方です。もともと、この「ダイバーシティ」という考え方は、アメリカ社会で広がったものです。多民族国家のアメリカでは、性別や年齢だけでなく、人種による差別の解消も長い間の課題になっていました。単に差別を解消するだけではなく、それぞれの人の多様性を尊重することが大切であるという考えに変わってきたのです。

日本では、アメリカほどに人種問題が深刻化しているとはいえませんが、それでも在日外国人への偏見や差別は根強く残っていますし、雇用の上に限っても、女性や高齢者、障害者などはまだまだ不利な立場にあります。制度を整えていくことはもちろんですが、均質性から多様性へという変化を、避けられない流れと消極的に受け入れるのではなく、新しい価値を生み出す変化としてとらえることが、これからの企業には必要でしょう。

4 「サラリーマンと専業主婦」は理想の家族像なのか

日本型雇用は、サラリーマンと専業主婦のペアが支えてきた制度だとよくいわれます。妻が家事や育児に専念することで、夫は自分の時間や生活のすべてを仕事に向けることができます。働いても働いても仕事に追われる高度経済成長期には、こうして長時間労働をしてくれる労働者が重宝されたのです。企業戦士、モーレツサラリーマンなどという言葉も生まれました。

日本の企業の多くは、いまだに家族手当というお金を支払っています。妻や子を養っている従業員を助けるという名目です。一〇年ほど前まで、「妻帯手当」などという名称を使っていた企業も少なからずありました。企業の賃金だけではありません。国の税や年金の制度も、男性が家族を養っているという家族のかたちを前提につくられ、配偶者控除や、専業主婦である配偶者の年金保険料を免除する制度などがいまだに続いています。

夫が妻子を養うことが当たり前であり、それが「男の甲斐性」であるというイメージは今の社会にも根強く残っています。経済成長を維持するために、どんどんものを作り、売り、それを消費する仕組みを動かしていくためには、その方が都合がよかったという見方もできます。ただ、こういった仕組みが日本型雇用を支えてきたのは確かですが、これは何も日本社会だけが歩んできた道ではないことも視野に入れた方がよさそうです。

アメリカでは、一九世紀から二〇世紀のはじめにかけて、生産技術の革新や、交通の発達による流通の広がりがあって、企業が飛躍的に成長しました。そのために、雇われて働く人、つまり雇用労働者が社会の中核をつくるようになるのです。

それが頂点に達するのは第二次大戦後、一九五〇年代の好景気の時代です。家電や食品などの新しい商品がどんどん生まれ、それを生産し、また消費する人が増えることで、企業は大きくなりました。生まれ育った土地を離れ、会社や工場に通勤するために、人々は郊外に新しい家庭を築きました。生産するのは企業で働く男性、消費の主導権を握るのはその妻である専業主婦、という家族のかたちは、こうした大量生産大量消費を進めるために、もっとも都合のいいものでした。

この時代、アメリカの大都市の郊外には、サラリーマンと専業主婦からなる新しい家庭がたくさん移り住みました。しかし、そこには「郊外の憂鬱」といわれる独特の空気が生まれたのです。男性は長距離通勤と長時間勤務で、心身ともに疲れ、生き方に疑問を抱くようになります。女性もまた、日中、家の中に一人で、または子どもとだけ残されて、孤独感を募らせます。周囲のみんなが同じような家に住み、同じような生活をしながら、お互いのつながりも希薄です。

『グレイフランネルの男（灰色の背広を来た男）』というベストセラー小説が生まれ、映画化もされました。単調なサラリーマン生活の憂鬱を描いたものでした。主婦の憂鬱を救い上げて論じたのが、六三年に出版されたベティ・フリーダンの『女らしさの神話』（日本語訳タイトル・新しい女性の創造）でした。

この本は、都市郊外に住む女性たちの憂鬱や不満から発して、後の女性運動、フェミニズムの流れのきっかけとなりました。

日本でも、時期は少し後になりますが、同じような状況が出てきました。七〇年代半ばから日本に広がったフェミニズムの流れは、女性の生き方と社会のあり方を問い直すものでしたが、表裏の関係にある「男性の生き方」についての論議も、八〇年代から九〇年代にかけて広がりました。サラリーマンの働き過ぎが指摘され、過労死という言葉も生まれます。また、会社人間の男性が定年後、家族や地域に溶け込めず、妻に疎まれたり、場合によっては離婚されたりという現象も、「ぬれ落ち葉」「定年離婚」などという流行語に端的に現われました。企業戦士の夫を抱えた女性たちの不満と不安をテーマに、ジャーナリストの斎藤茂男さんが八二年に書いた『妻たちの思秋期』というノンフィクションも話題になりました。

国際日本文化研究センター助教授の落合恵美子さんは、女性の労働力率の変動の長期的な分析から、「女性の主婦化」がどう進んできたかを分析しています。アメリカやスウェーデンなど欧米諸国で、女性の労働力率がもっとも低いのは今世紀はじめで、ほぼ二〇%でした。その数字が、それ以降は年々上昇していきます。外で仕事に就く女性が増えていくためです。

一方、日本のカーブは逆を描きます。一〇〇年前には女性労働力率は七〇%近くありました。農業や自営業で働く女性が多かったからです。しかし、産業化が進んで、企業に雇われるサラリーマンの妻たちが増えると、女性労働力率はどんどん下がっていきます。カーブは、五〇～六〇年代には五〇%前後で横ばいになります。実は欧米と同様に、日本でもこの時期、働く女性は増えはじめました。しかし、戦後の近代化があまりに急速だったために、「女性の主婦化」とその後に来る女性の雇用化が混在してしまったため、欧米のような労働力率の再上昇カーブが見えにくくなったと分析されています。

いずれにせよ、専業主婦は昔からいたわけではなく、その伴侶であるサラリーマンと同様に、産業の構造と働き方が大きく変わった一時期に生まれた、独特の立場だといえそうです。経済成長が頭打ちになり、産業構造と働き方が再び大きく変わった時になって、「主婦とは何だろう」という問いかけが起き、男性がお金を稼ぎ、女性が家事や育児に専念するという「性別役割分業」が果たして幸せにつながるのだろうかという疑問が生まれてきたのは、ある意味で当然のことかもしれません。

5　女性も男性も「生活者」へと向かう

日本では、「主婦」が増えていった一九五〇年代から、すでに「主婦とはどんな存在なのだろう」という議論が盛んに戦わされていました。「主婦論争」といわれます。五五年から五九年の第一次、六〇年から六一年の第二次、七二年の第三次の三度にわたり、主に『婦人公論』や『朝日ジャーナル』などの雑誌を舞台に、作家や評論家などの論客によって繰り広げられました。

評論家石垣綾子さんの『主婦という第二職業論』（五五年）が、そのきっかけになりました。石垣さんは、産業化や技術の革新によって家事の負担が減ったことを指摘し、女性も社会に出て家庭と職場の両立を目指すべきだと論じました。これに対し、経済的自立だけが幸福ではない、職業を持つ持たないは個人の自由である、などの反論や意見が続きました。第二次の論争では、主に経済の専門家たちが、家事労働の経済的価値をどう位置づけるかを論議しました。

第一次、第二次の論争の時期は高度経済成長のはじめでしたが、第三次の論争は、それからほぼ一〇年あとに行われ、時代の変化を反映したものとなりました。企業社会にとらわれない立場に身を置き、地域に根差した活動にかかわる主婦に、大量生産大量消費型の社会を変えていく可能性があるという主張がなされました。

こうした考えは、その後、「生活者」論の広がりにつながっていきます。「生活者」という言葉が盛んに使われ出すのは九〇年前後からです。政党や企業が一斉にこの言葉に飛びついた背景には、経済成長が頭打ちになり「生活の豊かさ」を重視する風潮が出てきたこと、家庭や社会で男女の役割の相互乗り入れが進んだこと、地球環境問題が深刻になり、これまでの「消費者」に代わる新しい言葉が求められたこと――などがあります。

「生活者」という言葉は、女性だけでなく男性もまた、地域や家庭など生活の場を大切にし、そこで何らかの役割を果たし、そこを足場にして社会と関わっていかなければならないという認識をうながすものでもありました。

外へ働きに出るだけの男性たちは、家庭や地域といった暮らしの舞台から疎外されていました。日本型の終身雇用制度がゆらぎはじめ、企業が一生を保証してくれるとは限らなくなりました。家庭と企業、それぞれから背を向けられ、男たちの居場所はますますなくなっていきました。男性もまた生活者としての自分を取り戻すことで、先ほど述べたような不安や憂鬱から一歩踏み出すことができるのかもしれません。

生産と消費、お金を稼ぐ外での労働と家事、仕事の場と生活の場というように、男女が切り離されて役割を担っていた時代はもう終わりつつあります。さまざまな境界を越え合うことで、社会は少しずつ変わっていくことになりそうです。

6　家族単位から個人単位の社会へ向かう

五年に一度の国勢調査で、八五年に七八九万五〇〇〇だった一人暮らしの世帯は、九五年調査で一一二四万世帯になり、一〇〇〇万を超えました。全世帯に占める割合は二六％、つまり四軒に一軒が一人で暮らしていることになります。八五年には四人世帯がもっとも多く、二四％を占めていましたが、一〇年でその順位は逆転したことになります。

背景には、さまざまなことがあります。結婚年齢が上昇し、晩婚化、非婚化という言葉に象徴されるように、シングルで過ごす期間が長くなったり、またシングルを続けたりする人が増えました。転勤や単身赴任も多くなりました。また、高齢世代に目を向けると、子どもに老後をみてもらおうという意識が変わり、子世代とは別居して、夫婦、または一人で過ごしていこうという選択が広がりました。単身世帯の増加、という統計上の現象の背後には、一生一人でい続ける人が増えたというよりも、むしろ個人の一生をたどった時に、一人で暮らす期間が長くなった、という実態が見えてきます。

九八年版の厚生白書は「夫婦と子どもからなる核家族世帯は、今や家族構成の典型ではなくなりつつある」「これまでの社会の仕組みは家族を基本に構築されてきたが、今後は、だれしも人生の一時期をひとりで暮らすことを経験する可能性がある」と、家族のかたちの変化に応じた社会システムの見直しに言及しています。

税や年金など現行の社会制度、企業の雇用システムは、夫婦と子ども二、三人の家族を「標準」としている場合がほとんどです。配偶者や子など扶養家族の数にもとづく税控除などの仕組みは、裏返せば、単身者などに負担をしわ寄せすることにもなります。一人暮らしや夫婦だけの暮らし、シングルマザーやシングルファーザーなど「標準」以外の家族が増えるにつれ、こうした制度の矛盾がますます目立ってきました。家族単位から個人単位へと社会の仕組みを変えていこうという論議が年々盛んになってきています。

個人単位という社会システムを作ろうとする際に、私たちの意識の上で、乗り越えなくてはならないハードルが二つあります。

一つのハードルは、個人単位の社会になると、家族のつながりや助け合いの気持ちも否定されるのではという誤解です。この考えは個人を「単位」とする社会をつくることであって、家族そのものを否定することではありません。

もう一つは、「ひとり」という言葉そのものが、寂しい、暗い、一人前でない、などの否定的なイメージでとらえられていることです。一人暮らしは、何も特殊なことでも、寂しいことでもありません。「一人の人間が一生のうち少なからずの期間を単身で生活することが普通になった時代」が来たとするならば、私たち一人ひとりの「ひとり」イメージを明るく肯定的なものに変える必要があります。

家族がいても、一人でいても、同じように快適に暮らせる能力や社会サービスを当然のものとした上で、夫婦や親子など家族関係、地域や企業社会と個人の新しい関わり方を考えていきたいものです。

7　リスクを分散する社会のあり方、生き方を考える

九八年版の厚生白書に、ちょっと面白い言葉が登場しています。「新専業主婦志向」というものです。男性と同等の教育を受け、いったんは男性と肩を並べて同じ仕事をしてきた今の二〇代、三〇代の女性に、意外に専業主婦志向が強いというのです。それも、少し前の「家庭を守る」「夫と子供のためにつくす」といった自己犠牲的な主婦像ではなく、「つらい思いをしてまで仕事を続けたくはない」「苦労をしてお金を稼ぐのは夫の仕事」「仕事をするにしても、好きな趣味や特技を生かした楽しいものを」というのが新専業主婦の姿のようです。能力や機会を得ながら、働くよりもむしろ「楽な」生活を選びたいという女性が少なからずいることの背景には、社会全体の労働観の変化もあるのではないかと思います。働くことの価値が軽く見られ、「何となく」「そこそこ」生きていける豊かな時代になったということなのでしょうか。

しかし、果たしてそうなのか、という疑問も生まれます。九〇年代後半に入り、これまでの日本経済の安定を象徴していたような巨大な金融会社までもが次々と立ち行かなくなるような「企業破綻」の時代がやってきました。経営のスリム化のために雇用制度を変えるだけにとどまらず、企業そのものの土台がゆらぐことで、日本型の企業とそれを支えてきたサラリーマン＋専業主婦の家族のあり方も揺れはじめています。

女性も職業をもって社会参加をしていくべきだ、男性も家庭や地域に足場をつくって「生活者」になるべきだ――という性別役割分業の解消はもちろん大切なことです。しかし、それを実現していく際に、

「べきだ」論を越えていくことが、先々の暮らしの安心が見えにくい今の時代に欠かせないことだとも思います。

「夫は仕事、妻は家庭」というように、経済生活、家庭生活の責任を個人個人が負ってしまうことには現実に危険がともないます。勤め先が破綻したら、老親たちが続けて床についたら、健康を害したら――今までどおりの生活が立ち行かなくなる日は、誰にでもやって来ます。収入を得る仕事、家事、育児・介護などの責任を上手に分け合いながら担っていくことは、一種のリスク分散だともいえます。

リスクを分け合い、助け合う相手は、家族でもいいでしょうし、友人や地域社会かもしれません。家族の中で複数の人間が、仕事や家事の責任を同じよう分散して負っておけば、誰かが何かでつまづいた時も支え合うことができて、危険は少なくなるはずです。一人暮らしの人でも、友人や地域の人、離れて住んでいる親やきょうだいなど、いざというときのためのネットワークをつくっておくことはできるでしょう。

個人と個人の間、家族と家族の間で、日頃からこうした関係を築いておくことは、自立した個が支え合う社会をつくるための第一歩になるはずです。そして、個人の力ではお互いに支えきれないリスクに対して、公的な施策や保障がうまく働くような社会の仕組みをつくっていくべきでしょう。

そしてまた、リスクを分散するという考え方は、一人ひとりが自分の生活を設計する際にも大切なことです。仕事だけをする、子どもだけが生きがい、老後のことだけが心配、今だけ楽しければいいや――「だけ」というひとつの選択肢にこだわる生き方は、いつか木の枝のようにポキンと折れることも予想されます。複数の生きがいや楽しみを合わせもつことが、個々人の生きやすさにもつながるのではないでしょうか。

働き方、暮らし方、家族や社会のあり方など、すべてにおいて、「多様性」がキーワードになりつつあります。その根本にあるのは、一人ひとりの人間が、自分の中の多様性を認め、育てることかもしれません。「多様な私」を大切にすることが、「多様な他人」同士が支え合う、自立した個人の集合体としての社会をつくるはずです。

引用・参考文献

天野正子　一九九六　『「生活者」とはだれか』　中央公論新社
伊田広行　一九九八　『シングル単位の社会論』　世界思想社
今村仁司　一九九八　『近代の労働観』　岩波書店
厚生省　一九九八　『厚生白書 平成一〇年版』　ぎょうせい
三浦　展　一九九五　『「家族と郊外」の社会学』　ＰＨＰ研究所
落合恵美子　一九九七　『21世紀家族へ』　有斐閣
斎藤茂男（編著）　一九八二　『妻たちの思秋期』　共同通信社
上野千鶴子（編）　一九八二　『主婦論争を読む』　勁草書房
八代尚宏　一九九七　『日本的雇用慣行の経済学』　日本経済新聞社

あとがき

本書を読んでいただいた感想はいかがだったでしょうか。恐らく、読者の方々は、共感しながらお読み下さった方もおられれば、身につまされる思いで読んで下さった方も多かったのではないでしょうか。

本書は、心理学的な研究対象として取り上げることが難しいと思われる、現代社会に生きる人々の心の機微を、女と男の間で展開されるダイナミックな関係に焦点を当てて表現することを試みようとしました。そうした私たちの意図をかみ砕いて、各章の執筆者の方々には、各自が日頃取り組んでおられる研究をベースにしながら、「女と男のシャドウ・ワーク」を描いていただきました。ただ、九名の執筆陣の脳裏で想定された「シャドウ・ワーク」がどの程度整合性がとれていたかは、読者の判断にゆだねざるを得ないものと思っています。

「シャドウ」という語感ゆえ、読者には「日影の暗い」イメージがつきまとうのではないか、また、そこに親密な人間関係が秘められていることなどを理解していただけるか、気になるところではあります。ただ、「シャドウ・ワーク」を心理学的な概念として拡張できるのではないか、という思いのもと、本書が執筆されている途中の段階で、一九九九年度日本社会心理学会で本書と同テーマの会員企画シンポジウムを開催しました。シンポジウムでは、予想以上に多くの学会員の方々にお集まりいただき、また指定討論者として参加していただきました柏木恵子先生と遠藤由美先生から、私どもに貴重な示唆をして下さり、大いに勇気づけられた次第です。

こうした経過を経て、数多くの方々からの協力を得て本書は出来上がりました。執筆を快諾して下さいました著者の皆さんはもとより、本書の表紙や挿し絵を快く描いて下さいました辻弘先生、本書の出版を快諾して下さいましたナカニシヤ出版の宍倉由高さんに心から感謝しまして、脱稿させていただきます。

（藤田達雄）

金井篤子（かない・あつこ）（第7章）
1994年　名古屋大学大学院教育学研究科博士課程後期課程発達臨床学専攻中退，博士（教育心理学）
名古屋大学教育学部助教授
主要著作物
『対人関係の社会心理学』（共著）福村出版（1996）
『女性が学ぶ社会心理学』（共編著）福村出版（1996）
『43人が語る「心理学と社会」―21世紀の扉を開く　3　性格・社会・産業』（共著）ブレーン出版（1999）

福士千恵子（ふくし・ちえこ）（第9章）
早稲田大学政治経済学部卒業
読売新聞東京本社編集局生活情報部次長
83年，読売新聞社に入社。山形支局，八王子支局を経て，01年から現職。生活情報部では女性問題，食生活，労働，教育などを担当。
主要著作物
『ジェンダーからみた新聞のうら・おもて』（共著）現代書館（1996）
『性の風景』（共著）読売新聞社（1998）
『20世紀どんな時代だったか　ライフスタイル・産業経済編』（共著）読売新聞社（2000）

イラスト　辻　弘（つじ・ひろむ）
兵庫教育大学名誉教授・造形作家

主要著作物
「特別養護老人ホーム介護職員におけるバーンアウト」『実験社会心理学研究』(1999，第 39 巻 1 号）他

永久ひさ子（ながひさ・ひさこ）（第 4 章）
1997 年　白百合女子大学大学院文学研究科博士課程単位取得退学
白百合女子大学助手
主要著作物
『結婚と家族の心理学』（共著）ミネルヴァ書房（1998）
「母親の悩みとあせり」『児童心理』金子書房（1999）
「女性における子どもの価値—今，なぜ子を産むか—」『教育心理学研究』（第 47 巻 2 号）(1999)

Bruno Vannieuwenhuyse（ブリュノ・ヴァニュヴェニュイス）（第 5 章）
1990 年　リール大学経済学修士課程修了，（経済学修士）
大阪大学言語文化部講師
主要プロジェクト
「日仏間の異文化コミュニケーション」というテーマで記事を書くかたわら日本の大学にて同テーマで博士論文準備中。

柏尾眞津子（かしお・まつこ）（第 6 章）
1998 年　関西大学大学院社会学研究科博士課程後期課程単位取得
関西大学非常勤講師
主要著作物
『被服行動の社会心理学』（共著）北大路書房（1999）
『青年期以降の発達心理学』（共著）北大路書房（2000）
『青年心理学事典』（共著）福村出版（2000）
『発達心理学エッセンス』（共著）小林出版（2000）

著者紹介

藤田達雄（ふじた・たつお）（第８章）
1975年　名古屋大学大学院教育学研究科修士課程修了，（教育学修士）
名古屋短期大学教授
主要著作物
『社会心理学―個人と集団の理解―』（共著）ナカニシヤ出版（1999）
『人間とコミュニケーション』（共著）ナカニシヤ出版（1990）
『家族関係の社会心理学』（共著）福村出版（1987）

土肥伊都子（どひ・いつこ）（第１章，各章リード文）
1990年　関西学院大学社会学研究科博士後期課程単位取得退学，博士（社会学）
神戸松蔭女子学院大学文学部心理学科助教授
主要著作物
『ジェンダーに関する自己概念の研究』多賀出版（1999）
『ジェンダーの心理学』（共著）ミネルヴァ書房（1999）
『自己の社会心理』（共著）誠信書房（1998）

坂西友秀（ばんざい・ともひで）（第２章）
1983年　名古屋大学大学院教育学研究科博士課程中退，博士（教育心理学）
埼玉大学教育学部教授
主要著作物
『自己と他者の視点の違いと帰属課程』風間書房（1998）
『ジェンダーと「家」文化』社会評論社（1999）

諸井克英（もろい・かつひで）（第３章）
1982年　名古屋大学大学院文学研究科博士課程単位取得退学，博士（心理学）
同志社女子大学現代社会学部教授

女と男のシャドウ・ワーク

2000年３月20日　初版第１刷発行
2003年３月20日　初版第３刷発行

定価はカヴァーに
表示してあります

編　者　藤田　達雄
　　　　土肥伊都子
発行者　中西　健夫
発行所　株式会社ナカニシヤ出版
606-8316 京都市左京区吉田二本松町２番地
Telephone 075-751-1211
Facsimile 075-751-2665
郵便振替　01030-0-13128
URL　http://www.nakanishiya.co.jp/
e-mail　iihon-ippai@nakanishiya.co.jp

カバー画・辻　弘／カバーレイアウト・白沢　正

印刷／創栄図書印刷・製本／藤沢製本

Printed in Japan

ISBN 4-88848-539-9 C3011